도원기서
道源記書

동학네오클래식 03

도원기서

道源記書

윤 석 산 역주

머리말

'동학'의 역사는 그리 오래 되지 않았다. 불과 백오십여 년의 역사를 지니고 있다. 그러나 초창기 수십 년 동안 동학의 지도자들은 산간을 숨어 다녀야 하는 그러한 어려움을 겪었기 때문에 이 시기 동학 역사의 많은 부분이 기록으로 남지를 못했다. 특히 해월 최시형 선생의 시대, 이러한 상황이 더욱 두드러진다. 그러므로 의암 손병희 선생 시절에 이르러 구전으로 전하는, 혹은 직접 경험을 한 분들의 증언을 통해 동학·천도교의 역사가 많이 기록되어 오늘에 전하고 있다.

『도원기서』는 이와 같은 면에서 매우 소중한 동학의 역사를 기록한 자료이다. 『도원기서』는 해월 선생이 태백산맥과 소백산맥이 어우러지는 우리나라 가장 오지에 속하는 지역을 숨어다니던 그 시절, 수찬되고 간행이 된 역사서이기 때문이다.

천도교역사 기록에 의하면, 『도원기서』는 정선의 방시학(房時學)이라는 동학교도의 집에 수단소(修單所)를 마련하고, 해월 선생의 지도를 받아, 편찬되고 또 집필된 것으로 되어 있다. 정확하게 누가 집필을 하였는지 알 수는 없어도, 당시 차도주인 강시원(姜時元)이 주장이 되고, 유시헌(劉時憲), 신시일(辛時一) 등이 함께 집필을 한 것으로 추정된다. 이는 이 책의 후미에 이 세 분의 후서가 있는 것으로 보아 알 수 있다.

『도원기서』는 수운 선생의 가르침을 담은 『동경대전』 목판본 간행과 함께 기획되고 또 간행된 책이다. 『동경대전』이 판각되어 목판으로 간행이 된 것에 비하여, 『도원기서』는 필사로 다만 한 책만 제작이 되었다. 그리고는 이내 사람의 눈에 띄지 않는 곳에 깊이 감추어졌다. 당시로서는 내놓을 수 없는 역사적 사실, 즉 이필제의 난과 동학교단이 깊이 연관되어 있다는 사실들이 기록되었기 때문이다.

『도원기서』를 보관한 사람은 당시 정선 도접주였던 유시헌이었다. 유시헌의 집에서 보관하고 있던 『도원기서』를 구암(龜菴) 김연국(金演局)이 빌려다가 당시 김연국이 일으킨 계룡산 상제교 본부에 두었다. 그러므로 세상에 그 모습을 드러내지 않았다. 그러던 중 김연국의 아들인 김덕경(金德卿)이 이를 내놓음으로써 비로소 세상에 알려지게 되었다.

『도원기서』는 1908년 정선의 동학교도인 전세인(全世仁)이라는 분이 김연국의 상제교 본부가 있는 계룡산에 가서 며칠을 묵으며 그대로 필사한 한 권의 책이 더 세상에 전한다. 이 책은 오늘 『도원기서』를 편찬하고 또 발간하는 데에 주체적으로 참여했던 정선 도접주 유시헌의 증손되는 사람이 보관을 하고 있다.

이렇듯 『도원기서』는 많은 분들의 마음에 의하여, 오늘 이렇게 보전이 되어 우리의 앞에 자리하게 된 것이다. 기록이 없어 알 수 없던 그 시절을 알려주는 소중한 동학의 자료가 아닐 수 없다.

지난 1991년 처음 이 책을 번역하고 주해를 부쳐 출판사에서 출간을 했으나, 출판사의 사정으로 더 이상 발간되지 못하게 되고 그러므로 그 설 자리를 잃어버렸다. 다행히 도서출판 모시는사람들의 박길수 대표께서 흔연히 출판을 허락하여 다시 세상에 그 모습을 드러내게 되었다. 감사드린다. 제현의 많은 질정이 있으시기를 바란다.

2012년 9월
남양 우거에서 윤석산 삼가 쓰다

차례

머리말 ──── 5

1. 도(道)를 밝히다

1. 수운(水雲)의 출생과 성장 ──────── 13
2. 주유팔로(周遊八路)와 을묘천서(乙卯天書) ──── 15
3. 수련(修煉)과 득도(得道) ──────── 22
4. 신유년 포덕과 은적암(隱跡庵) ──────── 30
5. 수운의 이적 ──────────── 36
6. 접주제(接主制)의 확립 ──────── 43
7. 도통(道統) 전수 ──────── 46
8. 수운의 순도(殉道) ──────── 51
9. 도인(道人)들의 정성(精誠) ──────── 67

도원기서 道源記書

2. 도(道)를 지키다

1. 해월(海月)이 흩어진 도인(道人)을 모으다 ——— 73
2. 이필제(李弼濟)의 난 ——— 82
3. 관의 지목(指目)과 도피 ——— 100
4. 박씨 부인의 고초 ——— 110
5. 태백산 적조암(寂照庵)에서의 기도 ——— 122
6. 박씨 부인의 죽음 ——— 129
7. 치제(致祭)와 교단(敎壇)의 정비 ——— 133
8. 개접(開接)과 도적(道蹟)의 간행 ——— 143

후서(後序) 1 ——— 158
후서(後序) 2 ——— 162
후서(後序) 3 ——— 165

부록 崔先生文集道源記書(原文) ——— 169

■ 일러두기

각주에는 출처를 다음과 같이 약자로 표시하였습니다.

『水雲行錄』 ──────▶ (水)
『海月先生文集』 ────▶ (海)
『本敎歷史』 ──────▶ (本)
『天道敎會史』 ─────▶ (會)
『東學史』 ───────▶ (東)
『天道敎創建史』 ────▶ (創)
『天道敎書』 ──────▶ (書)
『侍天敎歷史』 ─────▶ (侍)

-1-

도(道)를 밝히다

1. 수운(水雲)의 출생과 성장

선생의 성은 최씨이다. 이름은 제우(濟愚)이며, 자(字)는 성묵(性默)이다. 또 호는 수운재(水雲齋)이다. 경주가 본향이다.

산림공(山林公) 최옥(崔鋈)[1]의 아들이며, 정무공(貞武公) 최진립(崔震立)[2]의 6세손이다. 가경(嘉慶)[3] 갑신년(甲申年, 1824년) 10월 28일 경주 가정리(稼亭里)[4]에서 태어났다.[5] 태어날 때에 하늘이 아주 맑았으며 해와 달이 밝은 빛을 발했다. 상서로운 기운이 집 주위에 둘러졌고, 구미산(龜尾山) 봉우리가 기이한 소리를 내며 사흘을 울었다.

겨우 4~5세에 이미 용모가 남다르게 뛰어났으며, 총명하기가 사광

---

1 崔鋈. 호 近菴, 영남 일대에 알려진 퇴계 학맥의 유학자. 遺著로 『近菴遺稿』가 있다. 본문에는 근암공의 이름이 '鋆'으로 되어있으나, 일반으로 '鋈'으로 쓴다.
2 崔慶立은 임진왜란, 병자호란을 거치며 공을 세워 경주 龍山書院에서 제향을 받들고 있다.
3 嘉慶이라는 연호는 誤記. '道光' 4년이 甲申年.
4 현대에 들어서 '稼亭里'는 '柯亭里'로 표기한다.
5 수운의 母親에 관해서는, "近菴公의 門徒 중 韓某의 고모인 韓氏夫人…(會)" "一日은 山林公이 內室에 入하니 一夫人이 內庭에 入坐어늘…對曰 妾이 年今 三十에 金尺里(距 柯亭里 五十里) 親家에서 寡居하더니 忽然히 精神이 昏迷하야 似夢非夢間에 太陽이 獄中으로 入하여 또한 異氣가 身을 携하여 不知中 此處에 至하였다(會)."는 등 두 사람의 만남에 관하여 신이한 이야기가 전한다.

(師廣)⁶과 같았다. 아버지 산림공이 항시 사랑하여 애지중지하였다. 점점 자라 나이가 10여 세가 됨에 기골이 장대하고, 슬기 또한 비범하였다.⁷ 16세 되는 기해년(己亥年, 1839년)에 산림공이 돌아가셨다.⁸ 선생이 삼년상을 치르고 나니, 가산(家産)은 점점 기울어져 갔다.⁹ 또한 학문의 길도 이루지 못하고 청운(靑雲)의 뜻을 잃은 듯했으나, 선생은 평생 뜻한 바가 활달하고 커서, 사람들을 가르치는 것을 중하게 여기는 마음을 지녔기에 각 이치의 여러 법술(法術)을 살펴보았다.¹⁰ 그러나 그 모든 이치가 분명코 세상 사람들을 잘못 이끄는 이치이므로 일소에 부쳐 물리쳐 버리고, 또 돌이켜 무(武)에 힘을 기우렸다. 이렇게 2년에 가까운 시간을 보내다가, 활쏘기 등 무의 길을 버리고 장삿길을 떠나게 되었다.

---

6 師廣은 『莊子』에 나오는 인물로 春秋 때 晉의 음악가. 귀가 밝아 소리를 듣고 吉凶을 점쳤다.
7 "눈을 뜨면 燈光이 사람을 엄습하므로, 어렸을 때에 동무들이 父母의 외우는 말을 듣고 大神師를 戲弄하되 '네 눈은 逆賊의 눈이라.' 한즉 大神師는 平然히 대답하기를 '나는 逆賊이 되려니와 너희는 純良한 百姓이 되라.' 하였고…(創)"라는 기록이 있다.
8 수운의 모친이 돌아가신 연도의 기록은 "수운 10세 되던 해(會)"와 "6세 되던 해(創)" 등으로 서로 다르다. 또 수운의 결혼 연도는 "十三歲 때에 父命에 의하야 夫人 朴氏를 蔚山에서 맞았으며(創)" "丙申 以親命親迎于月城朴氏(侍)" "大神師 19歲에 及하여 夫人을 朴氏의 門에 聘하시다(書)" 등으로 서로 다른 기록이 전한다.
9 가산이 더욱 쇠퇴한 것과 관련하여 20세쯤에 화재를 당했다는 기록이 있다. "癸卯 不幸適値 鬱攸之災 家藏古跡 蕩然無有 始覺塵世之無常(侍)."
10 각 이치의 法術을 섭렵하는 과정은 "일찍 意를 禪道와 易數에 留하였으나…(會)." "모든 儒書를 火中에 던져버리고…當時 西洋으로부터 새로 輸入된 基督敎를 硏究하였으나…陰陽卜術의 글까지 硏究하였으나…(創)(書)." "일찍 儒道와 仙道와 耶蘇說이며 諸子百家書를 모도아 涉獵하여 보았다(東)." 등의 기록이 있다.

도원기서
14

2. 주유팔로(周遊八路)와 을묘천서(乙卯天書)

두루 세상을 돌아다녔으나, 하고자 하는 일이 서로 어긋나기만 할 뿐이었다. 나이는 점점 많아지고, 뜻한 바 되는 것이 하나도 없으니, 신세가 장차 초라해질 것을 스스로 탄식하며, 울산(蔚山)으로 옮겨 갔다.[1] 이곳에서도 일은 마음과 같이 되지 않았다. 그래서 다만 낡은 초당(草堂)에 누워, 슬픈 마음으로 이리 뒤척 저리 뒤척 하면서 세상을 근심하며 나날을 보냈다.[2]

을묘년(乙卯年, 1855년) 봄 3월에 이르러, 봄잠을 즐기는데, 꿈인지 생시인지 밖에서 주인을 찾는 사람이 있었다. 선생이 문을 열고 내다보니, 어디에서 왔는지 늙은 스님이 한 사람 서 있는데, 용모가 깨

---

1 울산에 간 것은 "甲寅(1854)에 大神師 慶州로부터 蔚山에 移居하였더니…(書)." "甲辰(1844) 挈眷卜居于蔚山 行到于此 泉甘而土肥林壑秀麗 眞君子可居之地 遂屛跡雲林 頓謝塵綠 涵養德性 修煉道氣 居於是者 凡十有二年也(侍)." "大神師 二十三歲時(1846)에 慶州로부터 蔚山에 移居하시다(會)." 등의 기록이 있다.
2 "大神師ㅣ 蔚山에 와서 夫人에게 慰勞의 말을 주고 그 길로 蔚山邑에 드러가 旅舍에 머물러 있었다. 旅舍主人인즉 本來 妓生의 出身으로 平生에 自己의 뜻에 맞는 男子를 求하기 爲하든 中에…同處한 지 三日에 達하야도 少許도 異性이 感이 없는 것을 본 厥女는 大神師에게 向하야 '先生은 實로 眞君子라.' 하고 男妹의 義를 맺기를 請하였다…대신사 스스로 있을 땅을 擇할새 裕谷 狐岩洞이라는 곳이 山水ㅣ 明麗하고 洞壑이 幽隱하므로 거기에 三間草屋을 建築하고 妻子를 있게 한 뒤에 나아가면 名山大川을 跋涉하고…(創)."

끗하고 맑으며, 차린 모양이 의젓하였다.

"스님은 무슨 일로 저를 찾아오셨습니까?"

하며 여쭈니, 그 노승(老僧)3이 말하기를,

"생원님께서 경주 최생원(崔生員) 되십니까?"

하고 물었다. 이에

"그러합니다."

하고 선생이 대답하니, 노승이 말하기를,

"그러시다면, 소승(小僧)이 긴밀하게 드릴 말씀이 있습니다. 초당 안으로 잠깐 들어가도 괜찮겠습니까?"

하므로, 선생이 노승을 초당에 오르게 하여, 자리를 정하였고

"무슨 의논할 일이 있습니까?"

하고 선생이 물으니, 그 노승이 대답하기를,

"소승은 금강산 유점사(楡岾寺)에 있습니다. 한갓 불서(佛書)나 읽으나 아무러한 신험(神驗)도 없어서 백일의 공을 드리게 되었습니다. 이런 중에 다소 신효(神效)가 보이는 것 같아서 지성으로 감축(感祝)을 드렸습니다. 공(工)을 마치는 날 탑(塔) 아래에서 잠이 들었다가, 홀연히 깨어나 탑 앞을 보니 한 권의 책이 탑 위에 놓여 있었습니다. 이를 거두어 들춰보니, 세상에서 보기 드문 책이었습니다. 그래서 소승

---

3 다른 기록에는 '老僧' '異人' '異僧' 등으로 되어 있다.

이 그 즉시 산을 내려와 팔방(八方)을 두루 다니며, 혹 박식하다는 사람이 있으면 찾아가곤 했지만 가 보는 곳마다 정확하게 아는 사람이 없었습니다. 그러다가 생원님의 박식(博識)함을 우러러 듣고 책을 가지고 찾아온 것입니다. 생원님께서 혹 이 책을 알 수 있겠는지요?"

선생이 말하기를,

"책상에 놓으시지요."

하니, 노승이 예(禮)를 갖추어 책을 올렸다. 선생이 이를 펼쳐보니 곧 유교나 불교의 글로도 글월의 이치가 풀리지 않는 것으로, 해각(解覺)하기가 어려운 책이었다. 이에 노승이 말하기를,

"그러하시면 다만 사흘의 시간을 드리겠습니다. 오늘은 그냥 갔다가 그날 다시 오겠습니다. 그 사이 자세히 살펴보시고 고찰(考察)하심이 어떻겠습니까?"

하고 물러갔다. 그날이 되자 노승이 찾아와 묻기를,

"혹 깨달은 바가 있습니까?"

하므로, 선생이 대답하기를,

"제가 이제 이 책의 내용을 알았습니다."

했다. 노승은 백배(百拜) 사례하고 매우 기뻐하며 말하기를,

"이 책은 진실로 생원님께서 받아야 할 책입니다. 소승은 다만 전하기만 할 뿐입니다. 이 책과 똑같이 행하시기 바랍니다."

하고, 사양하며 물러나 계단을 내려가 몇 걸음을 가지 않아, 문득 사

람이 보이지 않게 되었다. 선생은 마음속으로 이상하게 여겼으나, 이내 그 노승이 신인(神人)임을 알게 되었다.

그 후 깊이 연구하여 그 이치(理致)를 꿰뚫어보니, 곧 이 책은 기도(祈禱)의 가르침을 담고 있었다.[4]

해가 바뀌어 병진년(丙辰年, 1856년) 중하지절(仲夏之節)[5]이 되어, 삼가 폐백(幣帛)을 받들고 스님 한 사람과 함께 양산(梁山) 통도(通道) 천성산(天聖山)[6]에 들어가 3층 단을 짓고 49일을 계획하여 축원(祝願)하는데, 마음속에 항시 생각하는 것은 한울님 강령(降靈)과 더불어 다만 명교(命敎) 계시기만 바랄 뿐이었다.

이틀을 채우지 못한, 47일에 이르러 지극히 정성을 드리던 중 문득 생각되기를, 숙부(叔父)가 이미 돌아가시어 몸에 거듭 상복(喪服)을 입은 사람임을 알게 되매, 하늘에 정성을 드리는 것이 편안할 수가 없었다. 그래서 산을 내려와 보니 과연 숙부는 돌아가셨다. 슬픔을 이기지 못했다.

기(朞)를 지나 면복(免服)을 하면서 생각하니, 헤아릴 다른 방책은

---

4 "書中에 四十九日 祈天의 義ㅣ 有한지라 故로 遂히 祈禱할 道를 決定하시다(會)(書)."와 같이 49일 기도라는 구체적인 표현이 된 기록도 있다.
5 이 시기에 관하여 "大神師 三十三歲時(丙辰) 五月에…(會)." "丙辰 四月八日 梁山郡 天聖山…(侍)." 등의 기록이 있다.
6 "통도사 內院庵(創)"이라는 기록이 있다.

없고, 집에 남아 있는 토지(土地)라고는 다만 논 여섯 두락(斗落)뿐이었다. 가세(家勢)를 어찌할 수가 없어 논 여섯 두락을 일곱 사람에게 팔아서,[7] 밖에는 철점(鐵店)을 세우고 안으로 기도를 시작하였다. 다시 천성산(天聖山)에 올라가 뜻과 같이 계획을 완수했다.[8] 때는 정사년(丁巳年, 1857년) 가을이었다.

술오년(戌午年, 1858년)에 이르자 가산(家産)이 탕진되어 빚이 산과 같이 쌓였고, 논을 거듭 판 것이 드러나, 논을 샀던 일곱 사람이 매일같이 독촉하였다. 그 급한 사정을 이기지 못해 일곱 사람을 모두 불러들여, 각기 상황에 대한 설명을 글로 써 주고, 말하기를,

"잘 헤아려서 같은 날 같이 돌려줄 것이다."

말하고, 돌려보냈다. 정해진 날이 되어 일곱 사람을 똑같이 부르고, 관(官)을 초치(招致)하여 대질하고 말하기를,

"잘하고 잘못한 것은 나에게 있고 처결은 관(官)에 있으니, 영감(令監)께서 판결해 주시기 바랍니다."

하니 영감이 판결하기를 가장 먼저 사들인 선매자(先買者)에게 돌아

---

7 "畓六斗落을 七人에게 分賣하야…(書)." "香火田 六斗落을 七人에게 거듭 팔아가지고…(創)." "所有畓 六斗落을 七人에게 賣하야…(會)."
8 "天聖山에 入하야 外로 鐵店을 設하고 四十九日 祈禱를 畢하시다(會)." "이때에 大神師ㅣ 다시 天聖山에 들어가 공부를 繼續코저 할새 人目을 避하기 爲하야 天聖山 洞口에다가 鐵店을 設하고 안으로 十五里 가량을 隔한 寂滅窟 안에 祈禱場을 設하고저…四十九日의 工夫를 무사히 마치고 돌아왔다(創)." "丙辰…葬畢後 翌年夏 更入 天聖山 行七七日 祈禱" … "丁巳…外設鐵店 內開道場 繼續祈虔者 凡百有五日 是乃見道忘山者也(侍)."

도를 밝히다

19

가게 하였다.

(이 판결 후에) 그 마을의 한 노파가 돌연히 방안으로 들어오며 행패를 심하게 부리니, 선생이 분을 참지 못하고 손을 휘둘러치니 노파가 홀연히 기절하여 죽었다. 그 아들 세 사람과 사위 두 사람이 흉악한 말을 하며, 붙잡고 말하였다.

"내 어머니가 돌아가셨다. 살인은 법(法)에 있고, 복수하는 것은 아들에게 있는 것이다. 만약 이미 돌아가신 어머니를 다시 살려내지 못하면 곧 관에 고발할 것이다."

선생이 스스로 사세(事勢)를 헤아리니 일어난 일이 큰일은 큰일이라. 그러므로 그 집을 친히 방문하였는데 문득 노파를 구하여 살려낼 방도가 떠올라, 큰소리로 말하기를,

"너희 어머니를 다시 살려내면 너희는 다시 무슨 말을 하지 않겠느냐?"

하니, 그 아들들이 말하기를,

"돌아가신 분을 다시 구하여 살리신다면 또 무슨 말이 있겠습니까?"

하며 지극히 공손하게 간청했다. 선생이 좌우를 피하게 하고 친히 시신(尸身)이 있는 방에 이르러, 맥을 짚어 보고 시신을 만져 보니 영영 죽은 것이 분명했다. 이에 한 자(尺) 가량 되는 닭의 털로 노파의

목구멍을 휘저으니,[9] 잠시 후 목에서 홀연히 숨 터지는 소리가 나더니 한 덩어리 피를 토하고 조금씩 어깨를 움직였다. 이때 선생이 그 아들들을 불러 물을 청하여 입에 부으니, 잠시 후에 완연히 살아나 몸을 돌려 일어나 앉았다. 이런 까닭에 선생은 항시 신비스러움이 있다는 말이 (세상에) 전하게 되었다.

---

[9] "以一尺雉尾 揮于咽喉(水)"처럼 '꿩의 꼬리털'이라고 하거나, "老嫗의 尸體를 얼우만진 지 良久에(創)", "主因以淨水 沃其面親水撫之 少頃自喉間歡息微動 繼以吐出一塊血 蠢身以甦 隣里莫不驚歎焉(侍)."와 같이 다만 '어루만졌다'고 하는 기록도 있다. 또 그 원인으로 "時隣有一嫗 猝창癩疾 仆地絕息 其三子二婿 偕至主前 哀呼乞救…(侍)"처럼 아무 원인 없이 미쳐서 땅에 쓰러져 죽은 노파를 살려달라고 아들과 사위들이 애걸했다는 기록도 있다.

3. 수련(修煉)과 득도(得道)

기미년(己未年, 1859년)에 이르러 거처할 곳을 정하지 못하여 마음만 답답해하다가 장차 집안 식구들을 거느리고 고향으로 돌아갈 계획을 세웠다.

이 해 10월 용담(龍潭)으로 돌아오게 되니, 용담은 바로 산림공이 거처하며 글을 가르치던 서재(書齋)이다. 이곳으로 온 이후로 의관(衣冠)을 벗어 던지고, 문 밖으로는 나가지 아니할 것을 깊이 맹세하였다.[1] 물러나 쉬면서 어지러운 세태(世態)를 비웃으며, 한가롭고 그윽한 생활을 꺼리지 않고 세월을 즐기어 노니, 즐거움이 오직 정자와 연못에 있을 뿐이었다.

경신년(庚申年, 1860년) 4월 5일은 곧 장조카 맹륜(孟倫)[2]의 생일이다. 의관을 보내어 오시기를 청하니, 선생이 그 정을 이기지 못해 억지로 그 모임에 참석하였다. 얼마 있지 않아서 몸이 떨리고 추운 기운

---

1 "山外에 不出하기로 盟誓하시고 名을 改하사 濟愚라 하시며 門楣에 '道氣長存邪不入 世間衆人不同歸'라 書한 立春詩 一句를 揭하시고…(會)." 濟宣에서 濟愚로 改名하고 立春詩를 쓴 사실은 여타의 기록에도 나온다.
2 孟倫은 수운의 장조카로 이름은 崔世祚이다. 孟倫은 字이다.

이 있고, 마음이 안정되지 않아서 이내 일어나 돌아왔다.[3]

그러나 정신이 혼미하고 미친 것 같기도 하고 술에 취한 것 같기도 하여, 엎어지고 넘어지고, 대청 위에 이르니 몸이 저절로 뛰어오르고 기(氣)가 뛰놀아 병의 증상을 알 수 없으며, 말로 형용하기도 어려울 즈음에, 공중으로부터 완연한 소리가 있어 자주 귓가에 들려오는데, 그 단서를 알 수가 없었다. 공중을 향해 묻기를,

"공중에서 들리는 소리는 누구입니까?"

하니, 상제(上帝)께서 말씀하시기를,

"나는 바로 상제이다. 너는 상제를 모르느냐? 너는 곧 백지(白紙)를 펴고 나의 부도(符圖)를 받아라."[4]

하므로, 곧 백지를 펴니, 종이 위에 완연하게 비추어 실려 있었다. 선생이 아들을 불러 이를 보이니, 아들이 말하기를,

"저는 그 모양이 보이지를 않습니다."

하니, 상제 말씀하기를,

"우매한 인생이다. 너는 붓으로 이를 써서 깨끗한 그릇에 담아 태

---

3 "四月五日 下午零時에 문득 心身이 戰寒하야 疾을 執症치 못하고…(會)." "大神師 沐浴齋戒하시고 草堂에 獨坐하시더니 문득 心身이 戰寒하여…(書)." 등에는 조카집에 간 내용이 없다.
4 "大神師 l 其所然을 問하신데 曰余 l 또한 功이 無한 故로 汝를 世上에 生하야 此法을 人에게 敎케 하노니 疑치 勿하고 疑치 勿하라. 大神師 l 曰 然한즉 西道로써 人을 敎하리잇가. 曰 不然하다. 吾 l 靈符하니 其名은 仙藥이오 其形은 太極이오 又形은 弓弓이라…(會)." 등의 내용이 다른 기록에 보인다.

워서 냉수로 마시도록 하라."

했다.

선생이 즉시 한 장을 그려서 이를 태워 마시니, 처음 시도할 때에는 소리도 없고 냄새도 없는 것이 바로 그 특징이었다.

상제 또 말씀하시기를

"너는 나의 아들이다. 나를 아버지라고 부르도록 해라."

선생이 공경스럽게 가르침을 받아 아버지라고 불렀다. 상제 말씀하시기를,

"너의 정성이 가히 아름답구나. 부(符)는 곧 삼신산(三神山) 불사약(不死藥)이다. 네가 이것을 어찌 알겠느냐?"

선생이 비로소 수백 장을 그려 연이어 탄복(呑服)하니, 일고여덟 달이 지난 후에 몸이 부드러워지며 윤택해졌고, 용모가 아주 좋은 모양으로 바뀌었다.[5]

시(詩) 한 구를 짓기를,

"황하(黃河)의 물이 맑아지고 봉황이 우는 것을 누가 능히 알겠는가, 운(運)이 어느 곳에서부터 오는지 나는 알지 못하겠노라.

---

[5] "大神師ㅣ 바야흐로 仙藥임을 知하시고 因하야 人에게 試한즉 或差不差의 別이 有한지라 其端을 不知하야 其所然을 察한즉 誠之又誠者는 每成有中하고 道德을 不順하는 者는 一一無驗하니…(會)." 등의 내용이 다른 기록에 보인다.

(河淸鳳鳴熟能知 運自何方吾不知)"⁶

라고 하였다.⁷

상제께서 또 가르쳐 말씀하기를,⁸

"너는 백의재상(白衣宰相)을 제수(除授) 받겠는가?"

선생이 대답하기를,

"상제의 아들로서 어찌 백의재상이 되겠습니까?"

하니, 상제 말씀하기를,

"그렇지 않으면, 나의 조화(造化)를 받아라."

하고 조화를 나타내 보였다.

선생이 가르침을 받아 이를 시험해 보니 모두 세상에 있는 조화였다. 선생께서 응(應)하지 않으니, 또 다시 말씀하기를,

"이 조화를 행한 후에 저 조화를 행하도록 하라."

하므로, 선생께서 즉시 이를 행하여 보니, 이 조화 저 조화 모두 역시 세상에 있는 조화였다. 만약 이러한 조화로써 사람들을 가르치

---

6 "運自何方吾不知"에서 '運'이 '道'로 나온 기록도 있다.(會)
7 "旣受靈呪 繼承降話其呪曰 至氣今至四月來侍天主今我長生無窮無窮萬事知(侍)."라는 기록이 더 있다.
8 "是年九月更有降話之敎 主恒奉侍天主 尤極愼重 至重陽日 又有降話 一則幻術 一則祿位(侍)"처럼 조화를 주고 백의재상을 준다는 한울님의 시험이 9월 9일 重陽日에 있었다는 기록도 있다.

면 반드시 사람들을 잘못 이끄는 것이 되기 때문에 영원히 거행하지 않기로 결심했다.

상제께서 다른 조화를 보이며 말씀하기를,

"이 조화는 진실로 행해야 할 조화이다."

하였다. 선생이 힘들여 이 조화를 행해 보니, 이것 역시 먼저의 조화와 다를 바 없는 것이었다.

그 후 비록 명교(命敎)가 있어도 이를 거행하지 않기로 맹세하고, 열하루 동안을 음식을 먹지 아니했다. 음식을 끊은 이후 상제께서 단 한마디의 가르침도 내리지 않다가, 거의 한 달 가까이 지나서야[9] 하교(下敎)하여 말씀하기를,

"아름답구나, 너의 절개여. 너에게 사용할 수 있는 무궁(無窮)의 조화를 내려서 포덕천하(布德天下)하게 하리라."[10]

하였다. 선생이 비로소 음식을 먹고, 이후 마음을 닦고 기운을 바르게 했다. 거의 한 해 동안 수련(修煉)을 하고 연마를 하니, 스스로 그렇게 되지 않는 것이 없었었다. 이어서 용담가(龍潭歌)[11]를 짓고, 또

---

9 "上帝但無一言之敎"라는 기록과는 다르게, "雖命敎堅不聽…(侍)" "上帝의 命敎가 有하나 盟誓코 行치 아니 하시고(會)" 등의 기록도 있다. 또 "幾至一月" 같은 기록은 다른 곳에는 없고 다만 "열하루 동안을 음식을 먹지 않고 마음을 動하지 않았다."는 기록만 있다.
10 이때 "내 마음이 곧 네 마음이다"라는 "吾心則汝心"의 心法을 받은 것으로 나타난다(會)(創)(侍).
11 『龍潭遺詞』중 한 篇.

처사가(處士歌)¹²를 짓고 교훈가(敎訓歌)¹³와 안심가(安心歌)¹⁴를 한가지로 지었다. 또한 주문(呪文) 두 건(件)을 지으니, 한 건의 주문은 선생이 읽는 것이요, 다른 하나는 아들과 조카에게 전수(傳授)하는 것이다.¹⁵ 또 강령(降靈) 주문을 짓고, 나아가 검결(劒訣)을 짓고, 고자주문(告字呪文)¹⁶을 지으니, 그 내용이 '백의동(白衣童) 청의동(靑衣童)' 하는 것이 된다. 주문을 지어서 비록 이곳에 있으나, 하늘의 현기(玄機)는 함부로 노출시키는 것이 아니기 때문에 하늘에 감추고 땅에 숨기는 것이라고 했다.

뜻하지 않은 어느 날¹⁷ 상제께서 말씀하기를,

"너는 내일 꼭 친산(親山)에 성묘(省墓)를 가도록 해라."

하므로, 선생이 다음날을 기다려 갈 준비를 했다. 가려는 날에 마침 큰비가 내려, 모든 것이 막혀 나아갈 수가 없게 되었다. 상제께서 독촉하여 말씀하기를,

"어찌하여 늦는가? 즉시 성묘를 가라."

---

12 지금은 그 내용이 전하지 않는다.
13 『龍潭遺詞』 중 한 篇.
14 『龍潭遺詞』 중 한 篇.
15 "呪文二度를 作하야 一은 自誦하시고 一은 徒弟에 授하시고…(會)." 등으로 보아, 처음 呪文을 받은 徒弟가 아들이나 조카인 것으로 생각된다.
16 告字呪文에 관한 기록은 오직 『侍天敎歷史』에만 있다.
17 "어느 날" 대신 "十月(會)" 또는 "是歲十月之晦(侍)"로 된 기록도 있다.

하니, 선생께서 비를 무릅쓰고 가는데, 우구(雨具) 우의(雨衣)도 없는데 젖은 곳이 하나도 없었다. 조카의 집에 이르러 인마(人馬)를 빌리는데, 조카가 말하기를,

"이와 같은 큰비에 갑자기 왜 성묘를 하시려 합니까?"

하였다. 선생이 억지로 인마를 준비하여 길을 떠나, 50리를 왕복하였으나 태양이 머리 위에 둘러 있었고, 하인까지도 조금도 젖지 않은 채로 돌아왔다.

조카가 말하기를,

"종일 큰비가 내렸는데 어찌 젖지 않고 돌아올 수가 있었습니까? 참으로 기이하고 이상한 일입니다."

하니, 선생이 말하기를,

"이것은 한울님의 조화이다."

하였다. 이에 조카가 더욱 괴이하게 여기었다. 10월에 이르러 조카 맹륜(孟倫)이 와서 도(道)에 들기를 청하였다. 선생이 이를 전하여 주었다.

상제께서 또 일컬어 말씀하기를,

"너의 전후(前後) 길흉화복(吉凶禍福)을 내가 반드시 간섭하게 될 것이다. 또한 네가 이 정자에 들어앉아 이름과 호(號)를 고치고 산 밖으로 나가지 아니하며, 소위 입춘시(立春詩)인 '도의 기운이 오래도록 있으니 사악함이 들어오지 못하고, 세상의 뭇사람들과 한가지로 돌

아가지 않으리라'(道氣長存邪不入 世間衆人不同歸)를 써서 벽상(壁上)에 걸어 두고 세상을 조롱하니, 실로 우스운 일이다. 네가 이왕에 사람들을 가르치고 포덕(布德)을 하니, 나를 위하여 지극히 섬기면 너 또한 장생(長生)하여 천하에 빛을 비추게 될 것이다. 비록 이와 같으나 너희 나라의 운수가 참혹하고, 사람들의 마음이 오직 위태로우며 도(道)의 마음이 미미하여 삼강(三綱)이 모두 없어지고 오륜(五倫)이 점차 해이해져서 곳곳의 수목(守牧)의 관리는 백성을 학대하여 잘못 다스리고, 백성 역시 분수를 잃어 모두 어하지탄(魚河之歎)[18]뿐이라. 작란(作亂)이 무수하고, 이렇게 되기를 연 3년에 이르니, 이런 까닭에 임금은 임금 노릇을 못하고, 신하는 신하 노릇을 못하고, 어버이는 어버이 노릇을 못하고, 자식은 자식 노릇을 못해 도덕을 따르지 않으니, 너희 나라가 어찌 상해(傷害)의 운수가 아니겠느냐? 너는 삼가 이 말을 듣고 사람들을 가르치라."
하였다.

---

18 고기가 물을 잃은 한탄.

4. 신유년 포덕과 은적암(隱跡庵)*

신유년(辛酉年, 1861년) 봄에 포덕문(布德文)[1]을 지었다. 그해 6월에 포덕(布德)[2]할 마음이 있었다. 세상의 어진 사람들을 얻고자 하니, 저절로 풍문(風聞)을 듣고 찾아오는 사람들의 수가 많아 전부 헤아릴 수 없을 정도였다. 혹은 불러서 입도(入道)하게 하고, 혹은 명(命)하여 포덕하게 하니, 전(傳)하는 것이라고는 오직 스물한 자(字)[3]뿐이었다.[4] 선생이 그 도를 이름하여 천도(天道)라고 하고, 또 이름하여 동학이라고 하니[5] 사실은 이는 무왕불복(無往不復)[6]의 이치요, 또 모든 것이 자연의 이치이며, 무위지화(無爲之化)[7]이다. 닦아 가르치는 것 가운데 한

---

* 隱跡庵을 隱寂庵이라고 표기한 곳도 있다(創)
1 『東經大全』중 한 篇.
2 '布德'이란 한울님의 德을 편다는 뜻으로, 傳道를 뜻하는 東學 용어이다.
3 스물한 자는 東學의 呪文으로 "至氣今至願爲大降侍天主造化定永世不忘萬事知". 그 解意는 『東經大全』「論學文」에 있다.
4 처음 布德 대상이 된 사람은 水雲의 부인이다. "布德 2年 辛酉에 이르러 大神師ㅣ 布德에 從事코저 하실제 일로 먼저 그 夫人 朴氏에게 道를 勸하는 敎訓이 있으니…(創)."
5 『東經大全』「論學文」, "道雖天道 學則東學."
6 '가면 돌아오지 않는 것이 없다'는 우주의 理法.
7 '無爲而化'를 뜻한다. 한울님의 理法에 따라 自然히 된다는 말이다.

가지는 식고(食告)⁸요, 다른 한 가지는 나아갈 때 반드시 고하고 들어올 때 반드시 고(告)하는 것이다.⁹ 약(藥)을 쓰지 아니하며,¹⁰ 마음을 지키고 기운을 바르게 하여¹¹ 악(惡)을 버리고 선(善)을 행하며, 물욕(物慾)을 스스로 버리며, 다른 이익을 찾지 않으며, 유부녀(有夫女)를 취하지 않으며, 다른 사람의 잘못을 꼬집어 말하지 않으며, 악육(惡肉)¹²을 먹지 않으며, 신(信)·경(敬)·성(誠) 석 자를 으뜸으로 삼았다.¹³

그해 11월에 졸연히 길을 떠날 계획이 있었다.¹⁴ 도(道)에 새로 들어온 사람들을 생각하니, 어리석고 아직은 미미한 사람들이라. 스스로 탄식하며 전라도(全羅道)를 향해 길을 떠났다. 성주(星州)를 지나며 충무공(忠武公)의 사당을 배알하고,¹⁵ 첫 도착지인 남원(南原) 서공서(徐公瑞)의 집에서 열흘간 유숙하였다. 그때는 최중희(崔仲羲)라는 제자 한 사람만을 대동하였다. 남원의 마을 됨됨이와 산수(山水)의

8　食告는 밥을 먹을 때 드리는 기도.
9　出入時에 드리는 기도로 '心告'라고 한다.
10　'勿藥自效'로, 약을 쓰지 않고 한울님의 德化로 저절로 병이 낫는다는 말.
11　'守心正氣'로, 東學의 새로운 수행법이자 도덕률이다. "仁義禮智 先聖之所敎 守心正氣 唯我之更定(『東經大全』「修德文」)."
12　惡肉은 개고기를 뜻함. "道家不食 一四足之惡肉(『東經大全』「修德文」)."
13　『東經大全』「座箴」, "吾道博而約 不用多言義 別無他道理 誠敬信 三字."
14　"是歲 6月 10일에 大神師 浩然히 南征에 意已決하신지라…(書)." 이 기록이 잘못된 듯함. 이 외에 辛酉年에 東學의 二世 敎祖인 海月 崔詩亨이 入道한 다른 기록도 있다. "時에 崔慶翊(時亨의 初名)이 大神師ㅣ 无極大道로써 敎導하심을 聞하시고 白紙三束으로써 禮를 行하야 道를 行하시다(會)."
15　星州에는 충무공의 祠堂이 없다. 따라서 昇州의 오기인 듯.

아름다움, 풍토(風土)의 순후(淳厚)함을 두루 구경한 후 절승(絶勝)의 땅임을 알고, 시인 · 협사(俠士)가 번창하지 않을 수 없다고 말하였다.

죽장망혜(竹杖芒鞋)로 마을 마을을 찾아들고 고을 고을을 두루 보고 다니다가 은적암(隱跡庵)[16]에 이르니, 때는 12월이라. 마침내 해는 저물고, 절의 종소리는 때맞추어 들려오고, 뭇 스님들이 모여들어 불공(佛供)을 드리며 모두 법경(法經)의 축원(祝願)을 드리는 모습을 보니, 송구영신(送舊迎新)의 감회를 금하기 어려웠다.[17]

밤이 깊어 외로이 등(燈)을 밝히고, 베개를 높이 베고 누워 이리저리 뒤척이며 어진 친구들을 생각하고 또 처자(妻子)를 생각하며, 도수사(道修詞)[18]를 짓고 또 동학론(東學論),[19] 권학가(勸學歌)[20]를 지었다.

임술년(壬戌年, 1862년) 봄 3월에 현(縣)의 서쪽에 있는 백사길(白士吉)의 집으로 돌아와 최중희를 시켜 집에 편지를 보냈다. 또 학(學)과 사(詞)[21] 두 건도 동봉해 보냈다.

---

16 "徐公瑞 亦是 大神師를 한 번 對함에 凡人이 안인 것을 짐작하고 곧 道에 들기를 請하니… 徐公瑞의 引導로 因하야 南原邑 西便 二十里 외에 있는 山城內 輔國寺에 들어가 한間 房을 빌어 房名을 隱寂庵이라 自呼하시고…(創)."
17 隱跡庵에 있는 동안 松月堂이라는 老僧과 道에 관해 담론한 기록이 있다. "때에 松月堂이라 칭하는 老僧이 있어 大神師의 凡人 아닌 것을 살피고 때로 찾아 道를 묻고…(創)"
18 『龍潭遺詞』중의 한 篇.
19 「論學文」의 다른 이름.
20 『龍潭遺詞』중의 한 篇.
21 '學'은 「論學文」, '詞'는 「道修詞」· 「勸學歌」를 뜻함.

박대여(朴大汝)의 집에 은거(隱居)하고 있을 때, 일체 번거로움을 피하여 다른 곳의 사람들에게 알리지 못하도록 하였다. 각처의 사람들이 단지 전라도에 있는 것으로만 알고 있을 뿐 아무도 이곳에 와 있는지는 알지 못했다. 이것은 선생이 있는 곳을 알고자 노력하는 사람만이 그 마음이 통하여 스스로 찾아오게 하자는 데에 뜻이 있었다. 그러던 중 3월에 생각하지도 않았던 최경상(崔慶翔)이 문득 찾아왔다.[22] 선생이 물어 말하기를,

"그대는 혹시 듣고서 찾아오는 길인가?"

하니, 경상(慶翔)이 대답하기를,

"제가 어찌 알았겠습니까? 스스로 오고자 하는 뜻이 있어서 왔을 뿐입니다."

선생이 웃으며 말하기를,

"그대가 진실로 그래서 왔는가?"

하니,

"그렇습니다."[23]

---

22 이때 수운을 찾아 朴大汝의 집에 崔慶翔 외에 河致旭, 朴夏善 등이 같이 왔다는 기록도 있다. "新寧人河致旭 問於朴夏善曰 或知先生之居處乎 答曰 昨夜夢與朴大汝 共見先生 今欲往拜也 二人偕行路遇崔慶翔 料外訪到(水)."

23 최경상이 수운을 찾아올 때, 수운의 거처를 孟倫·白士吉·李武中 등에게 물었으나, 모두 모른다고 하는데 문득 朴大汝의 집에 수운이 앉아 있는 것이 보여서 찾아오게 되었다는 기록이 있다. "…心自不平 在路默思 則完然坐定于朴大汝家矣(海)."

도를 밝히다

하고 대답하며, 경상(慶翔)이 묻기를,

"제가 그간 공부가 독실하지 못했습니다. 그런데 이와 같이 이상한 일이 생기니, 어찌해서 그렇게 되는 것입니까?"

선생이 말하기를,

"계속 말을 해 보라."

경상이 꿇어앉아 고(告)하기를,

"반 종지의 기름으로 스무하루의 밤을 밝혔습니다. 그것은 무슨 까닭입니까?"

하니, 선생이 말하기를,

"그것은 곧 조화(造化)의 커다란 효험이다. 그대의 마음이 스스로 기뻐 자부(自負)함이니라."

하였다. 경상이 또 묻기를,

"이후부터 포덕을 할까요?"

하니, 선생이 말하기를,

"포덕하도록 하여라."

하였다.[24]

경상(慶翔)이 온 후부터 사방에서 찾아오는 어진 선비들이 날로 더

---

24 이때 경상이 포덕한 지역과 사람들은, "自是之後 將有布德之意 始爲傳道 于盈德吳明哲 尙州 全文汝 興海朴春彦 醴川黃聖白 淸道金敬和 盈德劉聖云 朴春瑞 蔚珍金生員 等 儒生(海)."

욱 늘어 감당하기가 어려웠다.[25]

6월에 이르러 수덕문(修德文)[26]을 지었다. 또 몽중가(夢中歌)[27]도 지었다.[28]

---

25 이 기간에「通諭文」을 돌렸다는 기록이 있다. "作通諭文以訓四方之士(侍)."
26 『東經大全』중의 한 篇.
27 『龍潭遺詞』중「夢中老少問答歌」.
28 이때 경상이 수운을 수 일간 모시고 있었으며, 또「道修詞」와「勸學歌」를 가져갔다는 기록이 있다. "數日侍奉後告歸時 特賜道修詞勸學歌二卷 敬奉而還(海)."

5. 수운의 이적

강원보(姜元甫)라는 사람이 있어 (선생은) 친히 그 집에 가서, 때때로 머물곤 하였다. 7월에 이르러 집으로 돌아가는 길에 말을 타고 갔다. 회곡(回谷)에 이르러, 논길 아래 일고여덟 척(尺)이나 되는 방죽 앞에서 말이 문득 멈춰 섰다. 같이 가던 대여섯 사람이 말을 때리기도 하고 혹은 채찍질을 하기도 했지만 말은 일어나려 하지 않았다. 이럴 즈음 방죽의 벽 일고여덟 장(丈)이 벽력 같은 소리를 내며 모두 무너져 버렸다. 말이 비록 미물(微物)이라고 하지만, 역시 사람의 뜻을 알고 있음을 알 수 있었다. 말을 돌려 좁은 길로 돌아서 갔다.

며칠을 머문 후에 박대여(朴大汝)의 집으로 가려고 하는데, 밤중에 문득 큰비가 내렸다. 물이 불어 모든 사람들이 더 머물도록 만류했지만 선생은 말하기를,

"물이 비록 백 척이라도 나는 건너겠다."

하며, 사람들이 아니된다고 만류했지만 즉시 말을 타고 한 장(丈)이 넘는 깊은 물을 스스로 고삐를 잡고 건넜다. 선생을 만류하던 사람들이 놀라 감탄했다. 박대여의 집으로 돌아와 머물렀다.

그때 본부(本府) 중에 윤선달(尹先達)이라는 사람이 있었다. 당시의

영장(營將)과 더불어 서로 친한 사이였다. 영장에게 부동(符同)하여 말하기를,

"이 고을에 최선생의 제자가 천 명이나 된다고 합니다. 만약에 최선생을 잡아다 다스리면, 제자 한 사람마다 돈 한 꿰미씩만 가져오라고 해도 금방 천 냥 이상이 될 것입니다. 잡아서 다스리는 것이 어떻겠습니까?"
하였다.

영장(營將)이 그 사람의 말을 듣고 차사(差使)를 보내 잡아오게 했다. 이때가 가을 9월 29일이었다.

선생이 장차 차사가 잡으러 온다는 말을 듣고, 마음은 비록 분했지만 관헌의 아래에 있는 신분이라, 제자 10여 인을 거느리고 말을 타고 억지 걸음을 하게 되었다.

서천(西川)이라는 곳에 이르러 물을 건너려고 하는데 동쪽 물가에서 빨래하던 여인 백여 인이 일시에 일어나며, 선생을 우러러보았다. 선생은 속으로 의아하게 생각했으나 그저 관청 뜰로 들어갔다.

영장이 물어 말하기를,

"너는 일개 한사(寒士)로 무슨 도덕이 있어 많은 선비를 제자로 거느리고 세상을 조롱하며 이름을 얻어 술가(術家)의 말을 하는가? 너의 의술(醫術)은 의술이 아니요, 박수는 박수가 아니요, 무당은 무당이 아니다. 그런데도 사람들을 술수로 헤아리니 무슨 이유인가?"

하였다.

선생이 노한 모습으로 이에 대답하기를,

"하늘의 명[天命]을 성(性)이라 하고, 하늘 성을 거느리는 것[率性]을 도(道)라 하며, 도 닦음[修道]을 가르침[敎]이라고 하니, 이 삼단(三端)으로 사람 가르치는 것을 업(業)을 삼는데 어찌하여 이치에 부당하다 하는가?"

하며, 눈을 들어 영장을 바라보니, 영장이 선생의 위의(威儀)를 보고 놀라서 감히 말을 붙이지 못하고 곧 돌려보냈다.

선생이 물러나 부중(府中)으로 들어가니, 얼마 있지 않아서 사방에서 몰려온 사람들이 거의 6~7백 인이 되었다.

영장(營將)의 성씨는 김(金)이요, 이름은 상세히 알 수 없다. 몰려온 사람 700여 인이 관문(官門)에 돌입하여 윤선달을 찾으니, 윤선달이 몸을 피해 영장의 방안 벽장 속에 숨어 버렸다. 뭇사람들이 책망하여 말하기를,

"윤선달을 내놓아라."

하니, 영장이 사정사정하여 사람들을 진정시켰다. 사람들은 그 영장의 선대(善待)함을 보고 그냥 나갔다.

빨래하던 여인들이 선생을 우러러본 연유를 들으니, 서쪽 하늘에 상서로운 기운[瑞氣]이 있었기 때문이라고 한다.

얼마 있지 않아서 영장이 차사(差使)를 내보내 장(杖)을 짊어지고

와 죄를 청하니, 선생이 말하기를

"나는 백면한사(白面寒士)라. 어찌 관원과 차사를 벌할 수 있겠는가?"

하고, 용서하여 돌려보냈다. 또 본관 사또가 예리(禮吏)로 하여금 급히 보(報)하여 말하기를,

"사또님 내실(內室)께서 병환이 나셨습니다. 선생님은 약을 쓰지 않고도 병을 고치신다고 하시니, 부도(符圖)[1] 한 장을 주시기를 청합니다."

하였다. 선생이 아무런 말도 하지 않고 생각에 잠겼다가 잠시 후 예리(禮吏)에게 일러 말하기를,

"병이 차도가 있을 것이니 가 보도록 하라."

예리가 돌아가 사또에게 말하기를,

"선생이 말씀하시길 병이 곧 차도가 있을 것이라고 합니다."

라고 하니, 사또 말하기를,

"이미 병세가 좋아졌다."

고 하였다.

선생이 부중(府中)에서 5~6일을 머문 후에 10월 5일 용담(龍潭)으로 돌아왔다.

---

1 符圖는 東學의 靈符를 뜻함. "吾有靈符 其名仙藥 其形太極 又形弓弓"(『東經大全』「論學文」)

14일에 통문(通文)을 띄웠다.²

같은 달 선생이 밤이 깊도록 독서를 하는데, 속이 북에 찔린 것 같고, 혹 바늘에 찔린 것 같더니 홀연히 휘황한 기운이 문에 비치는 것이 달빛과 같아 사립을 열고 내다보니, 깜깜한 밤중 중천(中天)에 채색(彩色)된 구름이 영롱하고, 서기(瑞氣)가 맑고 밝아서, 용담의 동구(洞口)가 대낮같이 환하였다. 집안 사람들이 크게 놀라 선생에게 물어 말하기를,

"동네 입구 나무 위에 한 미녀가 있는데, 녹의홍상(綠衣紅裳)을 하고 선연(嬋娟)히 앉아 있습니다."

하였다. 선생이 소란스럽게 하지 말라 이르고, 선생 혼자만이 그것이 선녀(仙女)인 줄을 알더라.

11월에 최경상이 선생 오시기를 청하여 말하기를,

"선생님, 저의 집에 왕림(枉臨)하심이 어떻습니까?"

하였다.

선생이 말하기를,

"그대의 집은 좁으니 다른 곳으로 가겠다."

하니, 경상이 절하고 물러났다.

---

2 다른 기록에 通文의 내용이 나온다. "대개 新進門徒로서 心柱가 아즉 固치 못하야 靈符를 妄施하니 無根의 說이 去益熾煸할 慮가 有한지라. 故로 其守正의 訓을 勉勵께 하고자 하노니 夙夜에 게으르지 말지어다(會)."

처소(處所)를 홍해(興海) 매곡(梅谷)에 있는 손봉조(孫鳳祚)의 집에 정하니, 경상이 재차 와서 뵙고 절했다.

초 9일에 다시 선생이 손봉조의 집에 가 자리를 잡고 앉으니, 다음 날 각처의 도인(道人)들이 와서 절하며 뵙기에 분분했다.[3] 경상과 더불어 며칠을 머물며, 어렵고 즐거움을 한가지로 즐기면서, 또 아이들과 더불어 글씨 쓰는 연습도 하고, 습자(習字)도 가르치며 나날을 보냈다.

선생이 글씨 쓸 도구와 종이 한 축(열두 권)을 준비하여 밤 깊도록 쓰는데도 한 자(字)도 이룩되는 것은 없고, 종이만 세 권(卷) 허비했을 뿐이다. 선생이 한울님께 고(告)하여 말하기를,

"신인(神人)께서는 무엇을 하려 하십니까? 제가 반드시 그렇게 하겠습니다."

잠시 쉬고 다시 쓰니, 역시 난필(亂筆)이라. 선생이 말하기를,

"신인(神人)께서는 무엇을 하려 하십니까, 제가 반드시 그렇게 하겠습니다."

이와 같이 하고 글씨 쓰기를 수없이 써도 끝내 글자를 이루지 못하였다. 상제(上帝)께서 말씀하기를,

"그대는 잠시 글씨 쓰기를 멈추어라. 후에 반드시 붓을 내릴 것이

---

3 孫鳳祚 집에 간 것이 10월 26일이라는 기록도 있다(創).

니, 그때 아이들과 더불어 혹 쓰고, 혹 붓을 잡으면 글씨를 이룰 수 있을 것이니라."

하였다. 이때 선생이 한울님과 더불어 화답(和答)한 결구(訣句)인 송송백백(松松柏柏)의 편4을 짓게 되었다.

이때에 경상이 이불 한 채와 의복 한 벌을 만들어 선생께 드렸다. 선생이 말하기를,

"그대는 평소 가난한데 어찌하여 이렇듯 힘을 들이는가?"

하고, 선생이 정겨운 말씨로 말하기를,

"내 집의 처자들이 먹는 바가 가난하니 그대는 이 급함을 구할 수 있는가?"

하므로, 경상이 즉시 쌀과 고기와 돈 50냥을 준비하여 선생의 편지(內書)와 함께 본가(本家)로 보냈다.

---

4 '松松柏柏'은 「和訣詩」의 한 구절임. 『東經大全』「和訣詩」 참조.

6. 접주제(接主制)의 확립

날이 가고 달이 지나 세모(歲暮)가 가까워지자 이곳에서 과세(過歲)를 하고자 하였다.

그믐날이 되자 선생이 친히 각처의 접주(接主)를 정하였다. 경주부서(慶州府西)는 백사길(白士吉)·강원보(姜元甫)로 정하고, 영덕(盈德)은 오명철(吳命哲), 영해(寧海)는 박하선(朴夏善)으로 정하고, 대구(大邱)·청도(靑道)·경기도 일대는 김주서(金周瑞)로 정하고, 청하(淸河)는 이민순(李民淳)으로 정하고, 연일(延日)은 김이서(金而瑞)로 정하고, 안동(安東)은 이무중(李武中), 단양(丹陽)은 민사엽(閔士葉), 영양(英陽)은 황재민(黃在民)으로 정하고, 영천(永川)은 김선달(名 未詳), 신녕(新寧)은 하치욱(河致旭)으로 정하고, 고성(固城)은 성한서(成漢瑞), 울산(蔚山)은 서군효(徐君孝)로 정하고, 경주본부(慶州本府)는 이내겸(李乃謙)으로 정하고, 장기(長鬐)는 최중희(崔仲羲)로 정하였다.

계해년(癸亥年, 1863년) 정월 초하루에 상제(上帝)께서 결(訣)을 선생께 내리셨다. 그 글에 말씀하기를, "도(道)를 묻는 오늘에 무엇을 알겠는가. 뜻이 새해 계해년에 있도다(問道今日何所知 意在新元癸亥年)"라고

하였다.[1]

초엿샛날에 경상(慶翔)과 더불어 절하고 헤어질 때 말하기를,

"그대는 영해(寧海)의 경계에 갔다가 돌아오라."[2]

하고는 선생은 즉시 본가(本家)로 돌아갔다.

2월에 영천(永川)에 있는 이리(李吏)[3]의 집에 왕림해서 아이들과 더불어 글씨 쓰는 연습을 하다가, 잠시 신녕(新寧) 하처일(河處一)의 집에 가서 얼마를 보내고 3월 9일 본가로 돌아갔다.

선생이 하루는 둘째아들 세청(世淸)과 김춘발(金春發), 성일규(成一圭), 하한룡(河漢龍), 강규(姜奎)와 더불어 소일하다가, 비로소 필법(筆法)의 조화가 되어, 액자(額字)를 쓰기도 하고 진체(眞體)를 쓰기도 하였다. 불과 며칠 사이에 필치가 왕희지(王羲之)의 필적(筆跡)과 흡사해졌다. 사방의 도인들이 필법의 신기함을 듣고 날마다 문에 가득 몰려들었다.

4월 영덕(盈德) 사람인 강수(姜洙)가 도 닦는(道修) 절차를 물었다. 선생이 말하기를,

"다만 성(誠)·경(敬)·신(信) 석 자에 있다."

---

1 「降訣」이외에 「降詩」 "圖來三七字 降盡世間魔"가 이때 쓰여졌다는 기록도 있다(會).「歎道儒心急」도 이때 쓰여졌다는 기록이 있다(侍).
2 慶翔을 寧海로 보낸 것은 布德을 위해서라는 기록이 있다(會).
3 李吏는 李弼善이라는 기록이 있다. "二月主遊歷于此抵 永川李弼善家 敎兒輩以筆法(侍)"

고 하였다.

선생이 영덕에 일이 있음을 듣고, 다시 각처의 도인들에게 계(戒)를 내려 지목(指目)의 단서가 되는 일을 하지 말도록 당부하였다.

이해 6월에 각처의 도인들에게 액자(額字) 한 장씩을 나누어 주었다. 특히 이를 써서 각처에 반포(頒布)할 즈음, 강수(姜洙)가 와서 선생을 뵈오니, 십여 장 중에서 성(性)자가 있는 것으로 주며,

"이것은 그대가 가지고 가라."

하고 또 '경재(敬齋)' 두 자를 써서 주었다.[4] 선생이 갑자기 글을 보내어 7월 23일에 파접(罷接)을 정하였다. 그때 모인 사람이 거의 사오십 명이 되었다. 접(接)을 파(罷)한 이후부터 붓글씨 쓰기를 놓았다.

---

4 이때 全(時)晥에게 다른 내용의 글을 써주었다는 기록이 있다. "八月全晥來謁 大神師書贈利行二字表其遠來之誠(本)."

7. 도통(道統) 전수

이때에 도가(道歌)¹를 지었다. 또 시 한 구가 있으니

"용담의 물이 네 바다의 근원이 되고,
구미산(龜尾山)에 봄이 오니 온 세상에 꽃이로세.
(龍潭水流四海源 龜岳春回一世花)"

이다.
경상(慶翔)이 마침 와서 오랫동안 더불어 서로 이야기를 나누었다. 특히 최경상을 북도중(北道中) 주인으로 삼았다.²
선생이 깊이 탄식하고 얼굴에 노기(怒氣)를 띤 것같이 하더니, 다시 기운을 가라앉히고 얼굴을 편안히 하여 말하기를,

---

1 道歌는 『龍潭遺詞』「道德歌」.
2 北道中主人으로 崔慶翔을 삼은 것은 다른 기록에는 7월 23일로 되어 있다(創)(侍). 특히 이때 海月堂의 道號를 賜하고 北接主人으로 정했다고 한다(會). 또 8월 14일에 '守心正氣' 四字를 崔慶翔에게 授하고, 符圖로 施하고 '受命' 二字를 書하게 하고, "龍潭水流四海源 劍岳人在一片心"의 '訣詩'를 授했다는 기록이 있다(會). 그러나 『水雲行錄』에는 이러한 道統傳授 기록이 보이지 않는다.

"진실로 성공한 사람은 가라. 이 운상(運想)은 반드시 그대가 나가게 되어 있으니, 이 이후로부터 도(道)의 일을 신중히 하여 간섭하고, 나의 가르침을 결코 어기지 말라."

하니, 경상이 대답하여 말하기를,

"선생님께서는 어찌하여 이와 같은 가르침이 있으십니까?"

선생께서 말하기를,

"이것은 곧 운(運)이다. 나도 운에 있어서는 어찌하겠느냐? 그대는 마땅히 명심(銘心)하여 잊지 않도록 하라."

하였다. 경상이 대답하여 말하기를,

"선생님의 말씀이 저에게는 과(過)합니다."

하니, 선생이 웃으며 말하기를,

"일이 그러하니 걱정하지 말고 의심하지 말라."[3]

하였다.

8월에 흥비가(興比歌)[4]를 지었다.

13일에 경상이 생각하지도 않았는데 찾아왔다.[5] 선생이 기뻐하며

---

3 도통전수 이후 모든 도인들이 용담을 찾아올 때는 먼저 해월이 거처하는 劍谷을 들러서 오도록 수운이 지시했다는 기록이 있다. "各處敎友先須往見劍谷主人 然後來到龍潭可也(本)."
4 『龍潭遺詞』 중 한 篇. "八月十三日 大神師作興比歌(本)."
5 다른 기록에는 이때 崔慶翔 홀로 오지 않고 朴夏善 등 6~7人이 함께 왔으며, 「영소(詠宵)」도 이때 지은 것으로 되어 있다. 특히 14일 밤은 여러 제자와 시를 읊으며 談笑한 것으로 되어 있다(水).

물어 말하기를,

"추석(秋夕)이 머지않았는데, 그대는 어찌 이리 급하게 왔는가?"

하니, 경상이 대답하기를,

"선생님이 홀로 추석을 보내시게 되어, 모시고 같이 지낼 생각으로 이렇듯 오게 되었습니다."

하니, 선생이 더욱 기쁜 얼굴빛이 되었다. 14일 삼경(三更 : 밤 11시~새벽 1시 사이)에 좌우를 물리고, 선생이 오랫동안 묵념(默念)을 하더니, 경상을 불러 말하기를,

"그대는 무릎을 걷어들이고 바르게 앉으라."

하였다. 경상이 그 말에 따라 앉으니, 선생이 일컬어 말하기를,

"그대의 손과 다리를 임의(任意)로 움직여 보라."

경상이 마침내 대답하지 못하고, 정신이 있는 것 같기도 하고 없는 것 같기도 하며, 몸이 움직여지지 않았다. 선생이 이를 보고 웃으며,

"그대는 어찌하여 이와 같이 되었는가?"

하니, 그 말을 듣고서야 다시 움직이게 되었다. 선생이 말하기를,

"그대의 몸과 수족(手足)이 전에는 어찌하여 움직이지 않았고, 지금은 다시 움직이게 되었으니 무엇 때문에 그런가?"

하니, 경상이 대답하여 말하기를,

"그 단초(端初)를 알지 못하겠습니다."

했다. 선생은,

"이는 바로 조화(造化)의 큼이다. 무엇을 근심하겠는가? 후세의 어지러움이여, 삼가고 삼갈지어다."

15일 이른 새벽에 선생이 경상을 불러 말하기를,

"이 도(道)는 유·불·선(儒佛仙) 세 도(道)를 겸하여 나온 것이다."
하니, 경상이 대답하여 말하기를,

"어찌하여 겸(兼)해진 것입니까?"

"유도(儒道)는 붓을 던져 글자를 이루고, 입을 열어 운(韻)을 부르고, 제사에 소와 양을 쓰니, 이에 유도와 같다고 한다. 불도(佛道)는 도량(道場)을 깨끗이 하고 손으로는 염주(念珠)를 잡고, 머리에는 흰 납(白衲)을 쓰고, 등(燈)을 켜니 이에 불도와 같다고 한다. 또 선도(仙道)는 용모를 바꾸어 조화를 부리고 의관(衣冠)은 채색이 있는 것을 입고, 제사를 지낼 때는 폐백(幣帛)을 쓰며 예주(醴酒)를 올리니, 이에 선도와 같다고 한다. 우리 도는 때에 따라 그때그때 알맞은 제례(祭禮)의 방법을 따른다."
등등의 말을 하였다.

날이 훤하게 밝아 오자, 수심정기(守心正氣) 넉 자를 주며 말하기를,
"일후(日後) 병(病)을 다스릴 때 이것을 행하여 쓰라."
하며, 또 부도(符圖)를 주고, 특히 붓을 잡아 '수명(受命)' 두 자를 써서 주었다. 한울님께 고(告)하여 결(訣)을 받아 "용담의 물이 흘러 사해

(四海)의 근원이 되고, 검악(劍岳)에 사람이 있어 한 조각 굳은 마음이다(龍潭水流四海源 劍岳人在一片心)"등의 시를 써서, 이를 경상에게 주며 말하기를,

"이 시(詩)는 그대의 장래 일을 위하여 내린 강결(降訣)의 시이다. 영원히 잊지 않도록 하라."

하였다.

이때에 청하(淸河) 사람인 이경여(李敬汝)가 산곡(山谷)에 집을 지어 사람들의 출입이 잦게 되고, 사람들의 음해(陰害)를 입게 되어 드디어 관에 체포되어 귀양을 가게 되었다. 귀양길에 올라 영덕(盈德)으로 홀로 내려갈 때에, (영덕 도인들이) 이백여 금(金)을 모아 속전(贖錢)으로 주고 귀양을 풀어주었다. 선생이 이 이야기를 듣고 특별히 칭찬을 해주었다.

또 영덕 사람인 유상호(劉尙浩)가 혼자 일백 금을 부담하여, 이로써 손님 맞는 자금으로 삼으니, 그 정성이 가히 아름답다고 하겠다.

8. 수운의 순도(殉道)

10월 28일은 선생의 생신이다. 만약에 통문(通文)을 돌리면 사방에서 모이는 사람의 수가 많을 것이므로, 선생의 본래의 뜻은 잔치를 차리는 데에 있지 않았다. 그러나 주인[1]이 몰래 의탁하여 영덕(盈德) 사람들에게 각기 준비시켜 잔치를 크게 열었다. 찾아온 사람들의 수를 거의 헤아릴 수가 없었다. 선생이 수저를 들면서 좌우를 돌아보며 말하기를,

"세상이 나를 천황씨(天皇氏)라고 일컬을 것이다."

하였다.

전일(前日)에 지은 시 한 구절인

"내 마음 지극히 묘연한 사이를 생각하니,

의심컨대 태양이 흘러 비치는 그림자를 따르네

(吾心極思杳然間 疑隨太陽流照影)"

라는 구절을 뭇 사람들에게 물어 말하기를,

---

[1] '主人'은 崔慶翔을 指稱하는 말이다. 北接大道主가 되었으므로 이렇듯 호칭하는 것으로 생각된다.

"이 시의 뜻을 그대들은 혹 풀이할 수 있는가?"

하였으나 좌중에 있는 사람들 모두가 알지 못했다. 선생이 말하기를,

"흥비가(興比歌)는 전에 반포한 바가 있다. 누가 그것을 외울 수 있는가?"

하고 각기 면강(面講)하게 하여, 차례로 이것을 읽게 하였다. 강수(姜洙) 홀로 좌중에서 나와 선생을 면대(面對)하여 읽고 뜻을 물었다.

선생이 각 구절마다 먼저 뜻을 물으니 강수가 묵묵히 대답을 하지 못했다. 선생이 우스개 소리로 말하기를,

"그대는 진실로 묵방(墨房)의 사람[2]이다."

하였다. 강수가 도리어 뜻을 물어보니, 선생께서 서쪽을 가리키고 동쪽을 가리켰다. 강수가 또 문장군(蚊將軍)[3]의 뜻을 물어보니, 선생이 말하기를,

"그대가 마음이 통하게 되면 알게 될 것이다."

하였다. 또 강수가 무궁(無窮)의 이치를 물어보니, 그것 역시 마음이 통하면 알게 될 것이라고 했다.

선생이 말하기를,

---

2 대답 못함을 비유해서 한 말임.
3 『龍潭遺詞』「興比歌」 중 한 구절.

"내가 전에 한 꿈을 꾸었는데 태양의 살기(殺氣)가 왼쪽 넓적다리에 닿자 불로 변하여 밤새도록 타며 사람 인(人)자를 그렸다. 깨어서 넓적다리를 보니 한 점 붉은 흔적이 생겨 사흘을 남아 있었다. 이로써 항상 근심이 되었고 마음속으로 장차 화(禍)가 이를 것을 알고 있었다."

하였다.

이때부터 상제(上帝)께서 강화(降話)의 가르침을 거둬들이고, 다만 시석(矢石)을 피하는 법만 가르치셨다. 이후로 강화(降話)가 끊어졌다. 선생이 도인들에게 말하기를,

"일후(日後) 도(道)의 일에 있어 법을 위하는 사람은 하나에 있고 둘에 있지 않으며, 셋에 있고 넷에 있지 않으며, 다섯에 있으며 여섯에 있지 않다."

하였다.

선생이 평소에 항상 도인들에게 말하기를,

"개벽(開闢) 이후로 세상에 혹 상제를 친히 모시고 문답(問答)하고 가르침을 받은 사람이 있었느냐? 내가 헛된 말을 하는 것이 아니다. 세상이 혹 그렇지 않다 하여 헛된 말로 알면 이것은 각기 운(運)인 것이다. 그런 까닭으로 천운(天運)이 순환(循環)하여 가서 돌아오지 않는 것이 없으니[無住不復], 이로써 오만년 무극(無極)의 도를 나에게 명하여 내린 것이다. 이것은 내 집안 성덕(聖德)이 아니다. 내가 받

은 이 무극의 도는 옛날에도 듣지 못하고 지금도 들어보지 못한 일이요, 옛날에도 비교할 수 없고 지금도 비교할 수 없는 법이다(古不聞今不聞之事 古不比今不比之法).⁴ 아아 세상 사람들이 도를 훼손하는 것 역시 아마 그러할 것이니, 우리 도인들은 공경하고 삼갈지어다."
하였다.

지난번 선생이 처음 포덕(布德)을 할 때에 도법(道法)의 모든 차례가 오직 스물한 자에 있을 뿐이라고 하였는데, 떠도는 말을 듣고 이를 닦고, 떠도는 주문을 듣고 이를 읊는 자가 많으니, 이것은 성덕(聖德)이 공경스럽게 전해지지 못하는 것이다. 이런 까닭으로 스승의 가르침을 받음이 없으면 예(禮)와 의(義)가 어찌 나타나겠는가? 예로부터 스승과 스승이 서로 전해주는 것에 연원(淵源)이 있었으니, 어찌 잘못 전하는 것으로 감히 성덕(聖德)을 어기겠는가. 진실로 닦는 사람은 실(實)이 있고 물어서 닦는 자는 허(虛)가 있은 즉 이후부터 허(虛)와 실(實)은 역시 그 사람의 사람 됨됨이에 있는 것이며 또 그 사람이 드리는 정성에 있는 것이다.

처음 도에 들어와서 한 번 입도식을 갖는 것은 개과천선(改過遷善)하여 영원히 한울님을 모신다는 것을 깊이 맹세하는 것이요, 축문

---

4 『東經大全』「論學文」, "吾道 今不聞古不聞之事 今不比古不比之法."

(祝文)⁵을 읽는 것은 하늘이 덮어 주고 땅이 실어 주는 은혜[天地蓋載之恩]와 해와 달이 비추어주는 덕[日月照臨之德]을 안다는 것을 말하는 것이다. 다른 도리가 있는 것이 아니라 다만 믿음[信]·공경[敬]·정성[誠] 석 자에 있을 뿐이다.

11월에 이르러 불연기연(不然其然)⁶을 짓고 또 팔절(八節)⁷의 구절을 각처에 돌려 보이고 각기 팔절(八節) 구절의 이치에 합당한 것을 짓게 하였다.⁸ 이 글의 뜻을 봉(封)하여 각 처에 보내니, 그 시(詩)에 말하기를,

밝음이 있는 곳을 알지 못하거든
덕(德)이 있는 곳을 알지 못하거든
명(命)이 있는 곳을 알지 못하거든
도(道)가 있는 곳을 알지 못하거든
정성이 이르는 곳을 알지 못하거든

---

5 「祝文」은 초기 동학에서 天祭를 지낼 때 읽는 글이었다. 오늘은 「참회문」으로 바뀌었다.
6 『東經大全』 중 한 篇.
7 『東經大全』 중 한 篇
8 「八節」의 對句를 金晃應이 지었다는 기록이 있다. "門人金晃應 就大神師所作八節 別以已更作對以進 大神師見之笑曰 吾道中得人實難(本)."

도를 밝히다
55

공경이 되는 바를 알지 못하거든

두려움이 되는 바를 알지 못하거든

마음의 얻고 잃음을 알지 못하거든[9]

이라고 하였다.

앞서 선생이 몸에 풍습(風濕)이 있어, 구슬 같기도 하고 마마 같기도 한데 몸 구석구석 생기지 않은 곳이 없었다. 또 가려움증이 있어서 헐지 않는 곳이 없었다.

선생이 풍습을 앓고 난 후로 북도(北道) 중에 풍습의 기운이 유독 극성을 부려, 남녀노소를 할 것 없이 풍습으로 인하여 오랫동안 공부에 힘 쓸 수가 없었다. 이런 까닭으로 도인들이 선생께 이런 고민을 말씀드리니, 곧 말하기를,

"이후에 가서 뜻한 바를 지어 한울님께 고하라."

했다. 그 후 영해(寧海) 사람인 박하선(朴夏善)이 글을 지어 선생께 보이니, 곧 말하기를

"내가 반드시 명을 받고 제를 받겠다."

하며 붓을 잡고 잠시 멈추어 쉬니, 제(題)가 내렸다. 제서(題書)[10]에 말

---

9 「八節」은 前後로 되어 있으며, 이 부분은 조건을 나타낸 부분이다. 즉 "不知明之所在 遠不求而修我"와 같이 되어 있다.

10 제서(題書)를 수운이 직접 쓰지 않고, 어린아이에게 붓을 주어 쓰게 했다는 기록이 있다. "命

하기를,

> 얻기도 어렵고 구하기도 어려우나
> 실제로 이것은 어려운 것이 아니다.
> 마음이 화(和)하고 기운이 화(和)해서
> 봄같이 화해지기를 기다리라.[11]

라는 글이었다.[12]

이때 사방이 어지럽고 인심이 흉흉해서 세속(世俗)은 이륜(彝倫)을 중히 여기지 않고, 양학(洋學)[13]이 온 세상에 가득 하였다. 이런 허무맹랑한 이야기를 취하여 믿을 수는 없다. 그렇지만 세상 사람들은 한갓 음해(陰害)의 단초(端初)로만 알고, 또 세상 사람들이 동도(東道)[14]의 이치를 알지 못하고, 서학(西學)으로 돌아가 스스로 해(害)가 되는 안타까움이 있을 뿐이다. 저 사람들이여, 집에 들어가서는 마음속

童子執筆降書 書之."(本)

11 "得難求難 實是非難 心和氣和 以待春和(『東經大全』「題書」)."

12 『水雲行錄』에는 다음과 같은 句節이 첨가되어 있다. "先生曰 君知得道之日 降書之理乎 夏善對曰 不知也 先生曰 愼不漏也 又曰 去歲吾欲尋靈友於西北 而今無其人也 然日後必有與我比之者 其人在於完北湖西之地 而善於敎誨 君其安心相從也".

13 天主敎.

14 東學.

으로 아니라고 하고, 나오면 길거리에서 수군거리니, 실로 방책이 어렵고 매우 두렵구나.

12월에 이르러 팔절(八節)의 구(句)를 지어 사람들이 남북(南北)으로부터 연이어 왔다. 초열흘에 이르자 묵는 사람이 하루에 50~60명이 되었다. 이날 밤 선생이 홀로 좁은 방에 침소(寢所)를 정하고, 등을 높이 밝히고 앉았는데, 앉아 있는 것이 편안하지 않고, 앉았다 섰다 하며 근심스러운 얼굴빛을 띠었다.

이때에 선전관(宣傳官) 정구룡(鄭龜龍)15 이 명을 받고 본부(本府)에 이르렀다. 전일(前日)에 경주부 안에 있던 도인이 와서 선생께 고하기를,

"지금 저희들이 들으니, 조정에서 선생님을 해(害)하고자 논의하고 있다 하니 선생님께서는 피하시는 것이 좋을 듯합니다."16 하였는데, 선생이 말하기를,

"도(道)는 곧 나에게서 연유하여 나온 것이다. 그러니 차라리 내가 당해야지 어찌 제군들에게 미치게 하겠는가?"

---

15 官邊記錄 및 다른 기록에는 鄭雲龜로 되어 있음.
16 이에 앞서 海月(崔慶翔)이 찾아온 기록이 있다. "十二日 神師ㅣ 大神師에 告曰 今年은 先生을 陪하고 歲를 過하겠나이다. 大神師曰 他人이 多在하니 君은 歸家하라(會)." 또 "十一月 二十五日 海月告於主曰 今年獻歲時 情願陪過也…(侍)." 또 急報를 알린 門徒가 慶州府中에서 온 것이 아니라, 京畿道에서 왔다는 기록도 있다(創). 指目된 이유도 西學이라고 한 기록(會), 또 異端이라고 한 기록(創) 등이 있다.

하며, 그 말을 듣지 않았다.

이때, 정구룡(鄭龜龍)이 장졸(將卒)을 이끌고 갑자기 들이닥쳐 어명(御命)이라 하며 선생을 체포했다. 어명이라 하니 어찌하겠는가? 순순히 명을 받아 체포되니 그때의 광경은 말로 다할 수가 없었다. 그때 같이 잡혔던 사람이 10여 인이 된다. 같이 경주부로 보내졌다.[17]

다음날 길을 떠나 영천(永川)에 이르렀는데, 이곳에 속해 있는 하졸(下卒)들의 언사가 불경(不敬)하고 멸시함이 보통이 아니었다. 선생은 말에 앉아 있는데, 말의 다리가 땅에 붙어 움직이지도 않고 옮길 수도 없었다. 수십 명의 하졸들이 놀라 황망히 고하기를,

"소인들이 과연 선생님을 몰라 뵈었습니다. 오직 선생님께서 편안히 행차하시기를 바랄 뿐입니다."

하니, 잠시 사이에 말이 홀연히 달려가기 시작했다.

영천(永川)에서 하루 유숙하고, 다음 날은 대구(大邱)에 이르러 유숙하고, 또 다음 날 길을 떠나 선산(善山)에서 유숙하고, 다음 날은 상주(尙州)에 이르러 유숙하였다.

정구룡(鄭龜龍)이 새재[鳥嶺]로 길을 잡으려고 생각하였으나, 도인 수천명이 모여 있다는 말을 듣고, 마음에 크게 겁이 나서 화령(華嶺)

---

17 수운과 같이 체포된 사람이 10여 인이라는 기록 이외에, 수운이 제자들을 모두 보내고 혼자 잡혔다는 기록도 있다(會)(創). 또 "主長子世貞及門徒 同時被收者 爲十人(侍)"와 같이 수운의 맏아들도 같이 잡혔다는 기록도 있다.

으로 길을 잡아 충청도 보은(報恩)에 이르러 숙소를 정하였다. 이 고을 이방(吏房)은 도인이었기 때문에 아침 저녁으로 잘 대접하고, 돈 다섯 꾸러미를 마련해 선생께 바쳤다. 다음 날 길을 떠나 청산(青山)에 이르러 유숙하고, 그 다음 날 청주(清州) 숙소에 이르렀다.

길 떠난 지 수 일이 되어, 과천(果川)에 이르렀다. 그때가 12월 7일이었다. 철종(哲宗)이 승하하여 임금이 바뀌고[18] 이 사실이 각 도에 반포되었던 까닭으로 중도에서 며칠을 머물게 되었다. 선생이 비로소 국상(國喪) 당함을 듣고[19] 말하기를,

"내가 비록 죄인이나 나라에 슬픈 일을 당하였으니, 이는 불행한 일이다."

하며, 애통함을 그치지 않았다.

수 일을 더 머무르니, 경상도 경주 동학선생이라는 죄인 최제우(崔濟愚)를 해당 영(營)에 보내어 문초(問招)하라는 전교(傳敎)가 내려졌다.

과천(果川)에서 다시 길을 떠나, 조령(鳥嶺)으로 길을 잡고, 문경(聞慶) 초곡(草谷)에 이르니, 수백 도인이 집집마다 바라보며, 혹자는 불

---

18 본문에는 "今當苧代理後"로 되어 있으나 『水雲行錄』에는 "今堂苧代理之初"로 되어 있다. 여기서는 『水雲行錄』을 따라 번역했다.
19 수운이 國喪을 먼저 알았던 것으로 된 기록도 있다. "一日은 大神師이 北天을 向하야 痛哭하시거늘 一行이 其意을 問한대 大神師曰 未久에 可知라(會)(創)."

을 켜서 들고 이를 따르고, 혹자는 눈물을 머금고 이를 바라보았다. 이러한 지경에 이르니, 그 참을 수 없는 정이 마치 어린아이가 부모를 생각하는 마음과 같았다.[20]

이달(12월) 29일에 유곡리(幽谷里)에 이르러 과세(過歲)하고, 갑자년(甲子年, 1864년) 1월 6일에 대구 영(營)에 이르러 옥(獄)에 갇혔다. 본부(慶州府)에 있던 죄인들도[21] 이곳 영(營)의 감옥에 옮겨와 수감되었다. 상주 목사(牧使) 조영화(趙永和)로 명사관(明査官)을 삼았다. 이 시기에 대구 감사(監使)는 서헌순(徐憲淳)이었는데, 이때 비가 그치지 않아 모든 것을 멈추고 물러나 있으면서, 장졸(將卒)을 많이 내서 도인들의 출입을 막았다.

이때 최경상(崔慶翔)이 밖에 있다가, 선생이 엄중히 갇혔다는 소식을 듣고 바쁘게 영덕(盈德) 유상호(劉尙浩)에게 돈 백여 냥(兩)을 준비하게 하여 달려왔다. 뇌물을 써서 길을 얻어 성중(城中)에 들어가, 여러 방면으로 주선을 할 때 마침 현풍(玄風) 사람인 곽덕원(郭德元)을 만나, 선생의 진지상을 올린다는 말을 듣고, 하인으로 분장하고 진지상을 올렸다.

20일에 이르러 순찰사(巡察使)가 초치(招致)하여 물으니, 이때 선생

---

20 鳥嶺을 넘을 때 그곳에 모인 東學徒들을 향해 수운이 설법을 폈다는 기록이 있다(創).
21 이들은 바로 수운과 같이 잡혔던 10여 명의 道人들로 생각된다.

이 큰 칼을 쓰고 뜰에 들어왔다. 순찰사(巡察使)가 물어 말하기를,

"너는 어찌 당(黨)을 모아 풍속을 어지럽히는가?"

하니, 선생이 답해 말하기를,

"사람을 가르쳐 주문(呪文)을 외게 하면 곧 약(藥)을 쓰지 않고도 스스로 효험이 있고, 아동들에게 권하여 글을 쓰게 하면 스스로 총명해집니다. 그런 까닭에 이것으로 업(業)을 삼아 세월을 보냈습니다. 그런데 풍속이 어찌 그렇게 되겠습니까?"

하니, 순찰사(巡察使)가 다시 아무것도 묻지 않고 다시 하옥(下獄)시키게 했다.

이때 최경상(崔慶翔)은 다른 사람을 통해 초치(招致)되었다는 말을 듣고, 그날로 김춘발(金春發)과 함께 성을 빠져나가 도피했다.

2월에 이르러 순찰사(巡察使)가 선생을 초치하여 문정(問呈)할 때, 홀연히 벼락치는 것 같은 소리가 있어 순찰사가 놀라 나졸에게 묻기를,

"곤장 아래에서 나는 소리가 어찌 그렇게 큰가?"

하니, 나졸이 고해 말하기를,

"죄인의 넓적다리가 부러졌습니다."

하므로, 즉시 형리(刑吏)에게 하옥하도록 했다.

옥중에서 시를 지으니

"등불(燈)이 물 위를 밝게 비추니 아무런 혐의의 틈 찾을 수 없고, 기둥이 마른 것 같으나 아직 그 힘이 남아 있다."

(燈明水上無嫌隙 柱似枯形力有餘)

라는 시였다.

선생이 곽덕원(郭德元)에게 일러 말하기를,

"경상(慶翔)은 지금 성중에 있는가? 오래지 않아 나가서 잡으려 할 것이다. 나의 말이 전해지는 대로 멀리 도망(高飛遠走)하도록 일러라. 만약에 잡히면 일이 매우 위험스럽게 되니, 번거롭게 하지 말라고 신중하게 전하라."

하니, 덕원(德元)이 말하기를,

"경상은 이미 떠났습니다."[22]

하였다. 순찰사가 드디어 계(啓)를 올려 3월 10일에 엄형(嚴刑)을 집행하니, 선생이 욕(辱)을 받고 돌아가셨다.[23]

---

22 최경상이 이때 떠난 것으로 된 기록도 있다. "神師ㅣ 盈德道人 劉尙浩에게 錢百金을 得하야 大邱府에 潛入하야 獄卒의 樣으로 飯을 奉하고 獄에 入한대 大神師ㅣ 一煙竹을 賜하시거늘 出見하니 煙竹裏에 心紙가 有하야 '燈明水上無嫌隙 柱似枯形力有餘'란 詩句와 '高飛遠走'라 는 四字를 書入하얏스니. 此가 師弟의 間 最後의 敎訓이다. 이에 天을 向하야 長歎하고 大神師의 命을 承하야 金春發로 더불어 束裝發行하야 太白山으로 向하시다(會)." 이러한 내용은 다른 기록에서도 볼 수 있다.

23 "三月十日에 大神師ㅣ 刑을 將臺에서 受하실새 少毫도 劍痕이 無한지라. 監司以下四圍ㅣ 皆 驚하야 所爲를 不知하더니 大神師ㅣ 天然히 淸水를 對하사 默念良久에 曰 '汝等은 敬히 淸水 를 撤하라.' 하시고 곳 刑에 就하시다(會)." 이러한 내용은 다른 기록에서도 볼 수 있다.

사흘이 지난 뒤에 순찰사가 선생의 처자를 불러 즉시 방면하여 시신을 거두도록 분부하였다.

그때 염습(斂襲)을 한 사람은 김경숙(金敬叔), 김경필(金敬弼), 정용서(鄭用瑞), 곽덕원(郭德元), 임익서(林益瑞), 상주인(尙州人) 김덕원(金德元) 등이다.

그 나머지 다른 죄인은 각기 각도(各道) 각읍(各邑)으로 정배되었다. 백사길(白士吉), 강원보(姜元甫), 이내겸(李乃兼), 최병철(崔秉哲), 이경화(李景華), 성일구(成一龜), 조상빈(趙常彬) 형제, 박명중(朴命仲) 숙질(叔侄), 신녕(新寧) 사람인 정생(丁生, 이름은 未詳) 등이 이들이다. 그 나머지 방면(放免)된 사람은 이민순(李民淳)·박춘화(朴春華)이며, 영해(寧海) 사람인 박생(朴生, 이름은 未詳)·박명여(朴明汝)는 그때 옥사(獄死)하였다.

선생의 큰아들 세정(世貞)이 김경필·김경숙·김덕원으로 하여금 장차 관(棺)을 옮기려 하는데, 슬프고 슬프구나, 이 지경을 어찌 말로 하겠는가.

발행(發行)하여 자인현(慈仁縣) 서쪽 뒤 연못가 주점(酒店)에 이르니, 날이 뉘엿뉘엿 저물어 가고 있었다. 주인에게 하루 묵어가기를 청하니 주인이 묻기를,

"어디에서 오시는 길입니까?"

하므로, 세정(世貞)이 말하기를,

"대구에서부터 옵니다."

하니, 주인이 그 사실을 알고 한편으로는 기뻐하고 한편으로는 비통해 하며 방 가운데로 시신을 들게 하고, 다른 행객(行客)은 한 사람도 받지 않았다.

시체에 따뜻한 기운이 있어, 혹시 요행히 회생할까 하여, 사흘 동안 영험(靈驗)이 있기를 기다리면서, 시신을 지키며 머물렀다. 쌍무지개가 연못에서 일어나 하늘로 이어졌고, 하늘에 구름과 안개가 일어 연못을 둘러싸고 또 집을 둘러싸, 오색(五色) 영롱함이 사흘이나 가리고 있었다. 선생이 상천(上天)하여 구름과 무지개가 걷히고, 그 후 시신에서 냄새가 나기 시작하여 다시 염습을 하였다.

다음 날 길을 떠나 용담(龍潭)에 이르니, 선생의 장조카 맹륜(孟倫)이 뒤따라와 용담 서쪽 언덕에 안장하였다.[24]

아아, 용담정(龍潭亭)이여,

과연 평지(平地)[25]가 되었구나.

오오 선생의 부인이여, 자식이여, 가서 누구를 의지하리오.

아아, 구미(龜尾)의 기봉(奇峯) 괴석(怪石)이여, 하늘이 상심(傷心)의 빛을 띠었구나.

---

24 이날이 3월 17일이라는 기록이 있다(會)(侍).
25 『龍潭遺詞』「龍潭歌」, "나도 또한 신선이라 비상천 한다 해도 이내 선경 구미용담 다시 보기 어렵도다. 천만년 지내온들 아니 잊자 맹세해도 무심한 구미용담 평지되기 애달프다."

아아, 용추(龍湫)의 맑은 못과 보계(寶溪)[26]는 눈물 흐르는 것같이 소리 내어 흐르는구나.

선생의 부인과 자녀는 어느 곳에서 살아야 하는가. 아침 저녁으로 탄식하고 울며, 몸을 의탁할 곳이 없어, 애처로운 저 모자(母子)는 서로 손을 잡고 돌아갈 뿐이다. 쑥같이 헝크러진 머리로 혹은 앞에 서고 혹은 뒤에 서서, 섬약(纖弱)한 아이와 여자가 울며, 슬퍼하며 함씨(咸氏)의 집에 머물렀다. 불과 한 달이 되지 못해 단양(丹陽) 사람 민사엽(閔士燁)이 경순(敬淳), 경필(敬弼)을 보내어 사모님과 자녀를 모시고 가게 했다.

며칠이 지나 다시 지목(指目)이 미치어 정선(旌善) 문두곡(文斗谷)으로 거처를 옮겨 일 년을 지나게 되었다. 민사엽이 죽었다는 소식을 듣게 되었다. 살아갈 길이 없어, 상주(尙州) 동관(東關) 남육생(南陸生)의 집으로 옮겨갔다. 불과 석 달이 되지 못해 거느린 식구 열 사람의 호구지책(糊口之策)이 막연했지만 갈 곳이 마땅히 없었다.

주인(主人)이 영양(英陽) 용화동(龍化洞)에 있다는 말을 듣고, 이리저리 수소문을 해서, 아침에는 얻어 먹고 저녁에는 물 한 모금 먹으며, 간신히 주인의 집을 찾아가게 되었다.

---

26 龜尾山. 용담정이 있는 계곡의 이름. 인근의 사람들은 흔히 '용치골'이라고 부른다.

9. 도인(道人)들의 정성(精誠)

최문약(崔文若)이라는 사람은 경주 사람이다. 본래 난법난도(亂法亂道) 하던 무리로 다른 사람들로부터 지목(指目)을 받아오던 사람이다. 갑자년(甲子年, 1864년) 3월 13일 본부(경주부) 영장(營將)이 잡아다 초치(招致)하니 최문약이 맹륜(孟倫)과 영덕 사람인 유상호(劉尙浩)가 연루된 것을 진술하였다. 영장이 그 두 사람을 잡아들였다.

두 사람은 최문약이 잘못 말한 것으로 초치를 당하게 되었으나, 결코 굴(屈)하지 않기로 스스로 맹세했다. 그러나 영장은 이 사람들이 부자라는 소리를 듣고 그 재물을 탐하여 칼을 씌어 엄한 죄수로 다스렸다. 이 일은 사람들이 한숨지을 일이 아니다.

최문약이 우리에게 해(害)를 입힘이 어찌 그리 이다지도 심한가. 부(富)가 오히려 원수가 되었다. 영(營)에서 우리를 혐의하는 것이 어찌 이와 같은가. 영장(營將)은 어찌 뇌물이 넉넉하지 않다고 하는가. 유상호는 멀리 유배되었으니 부(富)가 그 연고요, 최문약도 정배(定配) 되었으니 스스로 저지른 일이요, 맹륜은 백방(白放)되었으니 덕(德)을 닦은 까닭이다. 최문약이 푸른 하늘을 밝게 볼 수 있을 것인가?

상주(尙州) 접주(接主)인 황문규(黃文奎)는 선생이 옥에 있을 때, 힘을 다해 주선하였고, 비용도 많이 썼다. 이것은 모두 정성과 힘을 다하는 도(道)에서부터 나온 마음이다. 사람의 정성 역시 급한 것을 구하고자 하는 곳에서부터 나온다.

영덕(盈德) 사람 구정원(具正元)은 계해년(癸亥年, 1863년) 12월에서 갑자년(甲子年, 1864년) 2월까지 오랫동안 영문(營門)에 있었는데, 북접(北接)의 일에 두루 힘을 썼고, 맹륜과 더불어 함께 고생을 하고 돌아왔다.

주인 경상(慶翔)은 대구에서 피해 나온 후에 포졸(捕卒)들이 방방곡곡에 퍼져 있어 나가 다니기가 어려워, 밤에 다니고 낮에는 숨어 있었다. 형상을 숨기기가 어려웠으니, 이 지경에 이르러 그 누가 살리겠는가? 안동(安東)에 이르러 포졸이 뒤를 따라왔으나, 마침 이무중(李武中)을 만났다. 그러나 지목이 그치지 않아 다른 집으로 거처를 옮겼다.[1] 불과 며칠 있지 않아서 지목의 혐의가 있어 자주 옮겨 숨으니, 이렇듯 위급함이 어찌 이 사람보다 심하겠는가? 이러할 때에

---

1 "神師 ㅣ 大邱로부터 乘夜暗行하야 安東에 至하야 李武仲家에 身을 托하얏더니 夢에 大神師 顯靈하야 曰 禍色이 將迫하얏스니 汝 ㅣ 急히 他處로 移하라(會)." 安東에 오기 전에 太白山에 있었다는 기록도 있다(創).

포졸이 뒤를 따라와 이무중에게 묻기를,

"최모(崔某)는 지금 어느 곳에 있는가? 급히 그 사람을 내놓아라."

하며 윽박지르니, 이무중이 생각하건대 주인은 전일(前日)에 이미 떠났지만, 포졸의 위세를 어찌할 수가 없어 밭을 팔아 백여 금을 만들어 포졸에게 주어 보냈다.

민사엽(閔士燁)은 선생이 영(營)에 갇혀 있을 때, 삼백 금을 정성으로 내서 성중(城中)으로 가지고 와 각 군(軍)에 나누어 주었고, 그 나머지 역시 각처의 도인들에게 썼다. 선생이 갇혀 있을 때 함께 있던 사람들은 맹륜(孟倫), 하치욱(河致旭), 박하선(朴夏善), 이경여(李敬汝), 최규언(崔奎彦), 성한서(成漢瑞), 하처일(河處一), 김주서(金周瑞), 서군효(徐君孝), 박여인(朴汝仁), 의령(宜寧) 사람 강선달(姜先達), 임익서(林益瑞), 임근조(林根祚), 김덕원(金德元), 김석문(金碩文), 오명철(吳明哲), 곽덕원(郭德元) 등이며 그 나머지는 가히 기록할 수가 없다.

선생이 갇혀 있을 때, 계해년(癸亥년, 1863년) 12월에서 갑자년(甲子年, 1864년) 3월까지 북접도(北接道) 중 영덕(盈德)·영해(寧海) 두 접(接)에서 육백여 금, 홍해(興海)·연일(延日) 두 접에서 삼백 금, 평해(平海)·울진(蔚珍) 두 접에서 삼백오십 금, 안동(安東)·영양(英陽) 두 접에서 오백 금을 내어 연일(連日) 성안으로 옮겨 갔고, 그 나머지는 각

자가 비용을 썼으며, 다른 곳에서 쓴 비용 역시 헤아릴 수가 없을 만큼 많았다.

곽덕원(郭德元)의 정성을 논한다면, 누가 이 사람을 능가할 수 있겠는가. 관리의 몸으로, 관리로서의 기강(紀綱)을 버리고 얼굴에 검은 칠을 하고 하루 세 때씩 진지를 올려 끝끝내 선생을 섬기고, 또 그 마지막을 보고[2] 집으로 돌아가니, 처음과 끝이 이와 같은 것은 도에 이르러 가히 성(誠)·경(敬)·신(信)을 다한 사람이라고 할 수 있다.

2 郭德元은 곧 해월과 같이 獄으로 수운을 찾아갔던 獄吏인 듯하며, 또 "마지막을 보았다."는 것은 斂襲을 한 사실을 뜻하는 듯함.

- 2 -

도(道)를 지키다

1. 해월(海月)이 흩어진 도인(道人)을 모으다

주인(主人)은 선생이 돌아가신 후 애통하여 어디로 행할 바를 모르고 전전하다가, 영덕 직천(直川)에 있는 강수(姜洙)의 집으로 갔다.[1]

그때 강수는 마침 풍습(風濕)이 다 낫지 않아 초당(草堂)에 누워 있다가, 놀라 주인의 손을 잡고, 선생이 당한 욕(辱)의 전후사(前後事)를 듣고 슬피 눈물을 흘리며 애통해했다. 강수의 처 박씨(朴氏)도 대성통곡(大聲痛哭)을 하였다. 밤새도록 잠을 못 이루다가 새벽에 밥을 지어 밥 한 바리를 싸서 나아가 동쪽으로 향했다.

마을의 닭들이 사방에서 울고, 마침 비가 내려 머뭇거리다, 중도에 영해(寧海)에 이르러, 도인의 집을 찾아 잠을 자고, 다음날 길을 떠나 평해(平海) 황주일(黃周一)의 집에 이르렀다. 황주일 역시 선생이 돌아가신 소식을 듣고 슬피 울었다. 주인이 몸을 의탁할 것을 부탁하니, 황주일이 응락하고, 집을 주선해 주었다. 주인은 이에 처자를 이끌어 이곳에서 살게 하고 나막신 만드는 것으로 업을 삼았다.

---

[1] 이보다 앞서 경상이 강원도 태백산(太白山)으로 들어갔다는 기록이 있다. "屢日顚倒 轉至于 江原道太白山中."(海)

이렇듯 생활하며 일 년을 보낸 후에 영양(英陽) 용화동(龍化洞)으로 옮겨 가게 되었다. 영원히 산 밖으로 나가지 않겠다는 뜻을 맹세하고, 자취를 감추어 버렸다.

뜻하지도 않게 을축년(乙丑年, 1865년) 7월, 선생의 부인이 자녀들을 이끌고 찾아왔다. 주인이 그 모습을 보니 심장이 찢어지고 가슴이 막혀 차마 어떻게 오셨느냐고 묻지도 못했다. 별안간에 닥친 일이라 자신의 집에 들게 하고 주인은 다른 집으로 옮겨갔다.[2]

갑자년 이후로부터 도인이라는 사람들은 혹 죽고 혹은 살아남은 사람도 있으며, 혹은 도를 버리고 서로 상통(相通)하지 않아, 오랫동안 발길이 끊어져, 피차간에 서로 보기를 원수 보는 것과 같이 하기도 하며 서로 왕래를 하지 않았다.

주인은 산으로 들어간 후, 몸은 산옹(山翁)이 되었고, 농사일에 극력 힘을 쓰며, 스스로 발각되고 또 노출될 위험을 없애 버렸다.[3] 그러나 이즈음 선생의 가족은 그 생활의 어려움을 말로 다하기 어려웠다.

세월은 흘러 병인년(丙寅年, 1866년) 3월이 되었다. 소문이 조금씩 퍼

---

2 해월이 직접 수운의 부인을 모시고 왔다는 기록도 있다. "布德六年乙丑 神師帶家衆 移接子 蔚珍竹屛里 陪師母朴夫人 同居焉(本)."
3 다른 기록에는 이때 해월이 蔚珍으로 옮겼다고 되어 있다(會)(侍). 또 비밀리에 사람을 각처로 보내 道人의 信心을 고취시키고, 各地 道人에게 四時四度로 祈禱式을 行하게 하되 四十九日로 一度를 定하고, 經典을 편찬했다는 기록이 있다(會)(創). "先時에 『東經大全』과 『遺詞』가 大神師 l 被害되심을 經하야 火燼하고 無한지라 神師 l 默念하시다가 『東經大全』과 『遺詞』를 口呼하사 人으로 하여금 書케 하시다(會)."

지기 시작하여 멀고 가까운 곳에서 소식을 접하기 시작하자 비로소 상주(尙州)에서도 자연히 알게 되어 선생의 가족을 돕게 되었다. 이 해 3월 10일은 선생의 기일(忌日)로 복(服)을 벗는 날이다. 상주 사람 황문규(黃文奎), 한진우(韓振祐), 황여장(黃汝章), 전문여(全文汝) 등이 선생을 그리워하는 정을 지극하게 품으며 정성으로 제사를 지냈다. 이때부터 선생의 집을 (도인들이) 보호하게 되었고, 따라서 굶는 식구들에게 도움이 미치게 되었다.[4]

이때에 강수(姜洙)가 3월 초승을 맞아 스스로 생각을 헤아려 보건대 금년이 선생의 종기년(終期年)인즉 그 자제가 반드시 용담(龍潭)에 올 것이라고 생각하고, 가게 되면 반드시 이들을 만날 것이라 여기고 길을 떠나 맹륜(孟倫)[5]의 집을 찾아갔다. 그 후 어떻게 되었는지 두서(頭緖)를 그릴 수는 없으나, 그때 (맹륜은) 나막신을 만들어 팔아서 생활하고 있었다. 그 크고 장대했던 기질로 이와 같이 곤경을 겪고 있으니 차마 말로 다하기 어려웠다.

저녁부터 밤까지 기다렸으나 자제들은 오지 않았다. 그 밤은 곧 선생의 기일(忌日)이었다. 맹륜 역시 슬픔이 가득했고, 강수 역시 그 감회를 금할 수 없어 고대(苦待)하고 기다렸으나 끝내 소식이 없었

---

4 이때 해월이 "自今으로 吾道人은 嫡庶의 別을 打破하야 天然의 和氣를 傷치 말라."는 설법을 했다는 기록도 있다(會)(創).
5 원문에 孟潤으로 나왔으나 前記를 따라 孟倫으로 표기했다.

다. 일어났다 앉았다 하며 잠을 이루지 못하며 밤을 새우고 공연히 한숨만 쉬었다. 새벽녘에 이르러 강수가 말하기를,

"날이 이미 밝았소. 나는 바삐 가겠소."

하니, 맹륜이 말하기를,

"그대가 지목(指目)이 두려워 바삐 가려 하니, 음식이라도 들고 가시오."

하였다. 강수 말하기를,

"이곳은 유명한 곳인데 내가 어찌 지목을 받지 않겠소."

즉시 절하고 집으로 돌아갔다.

전성문(全聖文)은 본래 영덕 사람이다. 갑자년 후로부터 집이 없어, 이곳으로 와서 주인의 이웃으로 살게 된 사람이다. 그때 멀리에서 와서 같이 살거나 이웃해서 산 사람들은 김덕원(金德元),[6] 정치겸(鄭致兼), 전윤오(全潤吾), 김성진(金成眞), 백현원(白玄元), 박황언(朴皇彦), 황재민(黃在民), 권성옥(權成玉), 김성길(金成吉), 김계악(金啓岳) 등이다.

병인년(丙寅年, 1866년) 8월은 강화(江華)의 난[7]이 일어나 나라가 소란스럽고 어지러웠던 때이다. 그때 도인들 중 연원(淵源)을 잃은 사람들이 주인이 있는 곳을 찾고자 하였다. 그러나 숨은 곳이 깊어 찾기

---

6 원문에 全德元으로 되어 있으나 金德元이 옳다.
7 丙寅洋擾.

가 어려웠다.

9월에 전성문(全聖文)을 영덕으로 보냈다. 강수가 우연히 만나, 선생의 집과 주인이 사는 곳을 물으니, 전성문이 처음에는 의심하여 그 실상을 말하지 않다가, 강수의 슬퍼하는 모습을 보고 이내 선생 가족이 사는 곳을 말해 주었다. 강수는 그 말을 듣고 기뻐서 즉시 박춘서(朴春瑞)에게 통지하고, 주인의 집을 향해 떠났다. 세정(世貞)[8] 이가 강수와 박춘서가 온다는 소식을 듣고 달려가 손을 잡고 서로 만나 말하기를,

"지난 3년간의 회포를 이야기한다면, 그대나 나나 무엇이 더하겠습니까?"

하였다.

선생의 부인에게는 진실로 가까운 친척도 없고, 다만 따르는 도인들만 있을 뿐이다. 그러므로 제자들이 친히 선생의 부인을 모시었다. 옛날에 그러함이 없었으면 지금에 이르러 이러함이 있겠는가. 선생의 부인께 절하여 예(禮)를 올리니, 실로 외로운 자취인 까닭이다. 모두들 높여 말하기를 큰집[大家]이라고 부르게 되었는데, 이는 바로 이때부터 나온 것이다.

이해 10월 28일은 선생의 생신이다. 강수와 박춘서가 제사에 참

---

8 수운의 큰 아들.

례하고, 주인이 발론(發論)하여 말하기를,

"오늘에 이르러 도인이 서로 모인 것이 이와 같으니, 내년 정묘년(丁卯年, 1867년)부터 선생님을 위하여 계(契)를 시작함이 어떻겠느냐?"

하니, 강수가 말하기를,

"선생님의 도를 크게 일으키는 것이 우리들에게 있어 무엇보다도 큰 것입니다."

하였다. 주인이 말하기를,

"일년을 기하여 생신과 기일에 두 번 각각 4전(錢)씩을 내서 봄과 가을에 제사를 모시자."

하며 즉시 계(契)의 안(案)을 다듬어 각처에 통문(通文)하였다.

정묘년에 이르렀다. 도인들이 세상의 혐의를 피해 숨은 자가 많았는데 경주 북산(北山) 중에 가장 많았다. 그때 서로 연락이 되어 계에 참여한 사람은 김경화(金慶化), 김사현(金士顯), 이팔원(李八元) 등이며, 그 나머지는 일일이 다 적을 수가 없다. 영덕에서 참여한 사람들은 유성원(劉聖元), 김용여(金用汝), 배몽조(裵夢祚), 구왈선(具曰善), 신성우(申聖祐), 정창국(鄭昌國), 배생(裵生·이름은 未詳) 등이다. 그 후에도 소식을 듣고 찾아오는 사람들이 더러 있어 선생 가족의 가난을 구할 수 있었다.[9]

---

[9] 丁卯年 봄(二月)에 해월이 醴泉 山水里로 移居하고, 수운의 가족은 尙州 東關巖으로 옮기게

무진년(戊辰年, 1868년)에 이르러 김용여(金用汝)가 오백여 금을 내서 한편으로는 선생의 집안을 돕고, 한편으로는 궁핍한 사람들을 도왔다. 그 사람의 정성이 본연의 성(性)에서 나온 것이다.

어질구나, 이 사람의 정성이 의롭구나.[10] 그때 계장(稧長)을 강정(姜錠)으로[11] 정했는데, 이 사람은 강수의 아버지이다.

옛글에 말하기를 하우씨(夏禹氏)가 9년 치수(治水)를 할 때에 태산(泰山)에 오르니, 산위에 큰 짐승이 있었는데, 머리도 없고 꼬리도 없어, 그 형상이 기괴(奇怪)하여 세상에서 보지 못했던 짐승이었다. 그래서 우(禹)가 자세히 보아도 그 괴물을 알 수 없어, 이내 괴이(怪異)한 짐승임을 알고 활로 쏘았는데도 맞지 않고, 포로 쏘았는데도 죽지 않아, 마치 커다란 바위 같았다. 형상을 비유하면, 용도 아니요 뱀도 아니었다. 그래서 우(禹)가 요(堯)임금께 고하니, 요(堯)가 말하기를,

"그 짐승은 태어나서 이미 앞에 천 년의 운(運)을 받았고, 뒤에 천

했다는 기록이 있다(會)(創)(侍). "二月搬移于醴泉郡壽山驛 護送師母于尙州郡東關巖." 또 이때 해월이 수운과 靈會하여 問答했다는 기록이 있다. "汝ㅣ 道의 重任을 荷함이 天心에 在하니 汝ㅣ 비록 世에 容치 못하나 苦타 勿하라. 天의 神算에 오즉 定한 바 有하다(會)." 이외에 「養天主」 法說을 問答했다는 기록도 있다(創)(東).

10 金用汝가 金龍汝로 된 기록도 있다(會). 戊辰年 10月에 해월이 興海 等地에 道場을 設하고 諸門徒에게 講道했다는 기록도 있다(會). 또 戊辰年 봄에 해월이 英陽郡 日月山 龍化洞 竹峴里로 옮겨가 숨었다는 기록도 있다. "時羅織譏겠者 日益滋多 乃於是年春 移于英陽…(侍)." 당시 해월의 거처가 기록상 매우 혼미를 빚고 있다.

11 稧長이 姜洙의 아버지 姜錠이 아니라, 姜洙라는 기록도 있다(創).

년의 운으로 화(化)하여 다시 나오고, 또 동방(東方) 태양의 운을 기다려 다시 그때에 화생(化生)할 것이다. 이 짐승은 세 번 화생하는 짐승이다. 주(周)가 멸망하게 되면(檿孤箕服)[12] 동방에 이르러, 태양의 기운으로 백 명의 자식을 낳게 될 것이다."

하였다. 대명(大明)[13] 연간에 장처사(張處士)라는 사람이 있어 황장(黃將)과 논결(論訣)[14]하여 말하기를,

"아름답구나, 동방이여. 기이하구나, 동방이여. 천년이 지나 이씨(李氏)[15]의 끝에 이르면, 도학선생(道學先生)이 태양의 기운으로 그 세상에 태어나고, 제자가 28수(二八宿)의 정령(精靈)에 응하여 지상신선(地上神仙) 200이 나오고, 덕(德)이 사해(四海)에 흘러 이름이 천하에 떨칠 것이다."

등등의 이야기가 있다.

기사년(己巳年, 1869년) 2월에 양양(陽襄) 도인 최희경(崔喜慶), 김경서(金慶瑞) 등이 주인을 찾아왔다. 주인이 온 뜻을 물으니, 그 사람이 말하기를,

"저희들은 도를 알고자 하는 사람입니다. 그러나 그 닦는 절차를

---

12 "檿孤爲服"은 周의 宣王 때의 童謠로 周의 멸망을 예언한 것.
13 中國 魏晉南北朝 때 宋의 年號.
14 秘訣을 論議했다는 뜻.
15 朝鮮王朝.

알지 못해 천리를 멀다 하지 않고 이렇듯 왔습니다. 원컨대 주인께서 법과 절차를 상세히 가르쳐 주십시오."

하였다. 주인이 말하기를,

"도를 어느 연원(淵源) 누구에게서 받았는가?"

하니,

"저는 연원을 알지 못합니다. 공생(孔生)이라는 사람이 우연히 와서 괴이함을 보이기에 그 이치를 탐색하니, 공생은 다만 주문(呪文) 13자만 알 뿐 도의 절차를 알지 못했습니다. 그래서 그 이치의 깊은 근원을 알고자 이같이 왔습니다. 바라건대 상세히 보여 잘잘못을 듣고 싶습니다."

하였다.

주인이 문건(文件)과 주문을 보여주니, 그 사람이 크게 기뻐하여 말하기를,

"이와 같은 도를 내가 잘못 만났었구나."

하며, 입도(入道)하기를 간청하니, 주인이 승낙을 하였다.

이렇듯 3월을 보내고, 주인과 춘서(春瑞)는 양양(襄陽)으로 갔다. 그때 도가(道家)는 30여 가(家)가 차지 않았다.[16]

---

16 이때 30家는 해월이 襄陽地域에서 새로 布德한 戶數. "三月에 神師 朴春瑞로 더불어 襄陽에 居하사 崔喜慶・金慶瑞의 家에 至하사 三十餘人에게 布德하시다(會)."

도를 밝히다

81

2. 이필제(李弼濟)의 난

경오년(庚午年, 1870년) 10월에 공생(孔生)[1]이라는 사람이 세정(世貞)을 유혹하여 말하기를,

"지금 양양의 도인들이 선생님의 집안을 모시고 영월(寧越)로 옮기기를 원하고 있습니다. 그곳으로 옮기면 출입하고 서로 만나기가 좋고, 생계 역시 이곳보다 좋아질 것이니, 영월로 옮기심이 어떻습니까?"

하였다.

세정이 공생의 말을 듣고, 홀연히 영월 소밀원(小密院)[2]으로 옮겨갔다. 그곳에 장기서(張奇瑞)라는 사람이 있는데, 원주(原州) 사람이다. 이 사람은 이곳으로 유배(流配)되어 온 이경화(李慶化)로부터 도를 받은 것이라고 한다.

아아, 도가 액운(厄運)으로 막히고, 사람들의 마음이 맑지 못했다. 이때 이필제(李弼濟)라는 사람이 있었는데, 어느 곳에서 왔는지 동해

---

1 孔生의 이름이 孔根錫이라는 기록이 있다(侍).
2 小密院이 蘇密院으로 표기된 기록도 있다(會).

가에 숨어 살고 있었다. 그는 목천(牧川)의 난적(亂賊)으로 연루되어 고양(高揚)에 이르러 논죄(論罪)되던 중 성(姓)을 바꾸고 영월로 도망가 숨었다. 몰래 그 마음을 버리고, 도인으로 가탁(假託)하여, 배도(背道)의 무리를 끌어들여 애당(愛黨)의 근원을 탐지하여 알고, 사람들을 빼앗는 그러한 난적이다. 지난 일을 따르고 앞으로 올 것을 좇아 사람을 모으는 모의를 하여 역리(逆理)의 단초를 일삼던 사람이다.

아아, 저 오는 사람은 누구인가? 나를 해(害)하는 사람이다.

10월에 뜻밖에 영해(寧海) 사람인 이인언(李仁彦)[3]이 와서 주인에게 일컬어 말하기를,

"성씨가 정(鄭)이라는 사람이 있는데, 계해년(癸亥年, 1863년)에 선생님께 입도하여 깊이 지리산(智異山)에 들어가 두문불출(杜門不出)하기를 거의 6~7년 하였던 까닭에 갑자년(甲子年, 1864년) 선생님의 변고를 알지 못했다가, 그 제자됨의 연분으로 분(憤)함을 이기지 못하였으나, 차일피일 미루다가 지금에 이르러서야 주인(海月)을 만나뵙고자 저를 보내 말씀을 전해달라고 했습니다. 그런 까닭으로 지금 이렇듯 뜻하지 않게 오게 되었으니, 한번 몸소 가 보심이 어떻겠습니까?"

하였다.

3　李仁彦의 姓이 '金'으로 된 기록도 있다(會).

주인이 그 사람의 말을 들은 즉 일이 이치에 맞지 않고, 뜻이 맞지 않았다. 그를 쌀쌀하게 대하며 응하지 아니하니, 인언(仁彦)이 마지 못하여 가 버렸다.

며칠 지나지 아니하여 박군서(朴君瑞)라는 사람이 또 와서 인언(仁彦)과 같은 말을 구구하게 하니, 주인이 역시 물리쳐 이를 보냈다. 며칠이 지나 이인언이 다시 와서 유혹하여 말하기를,

"저 사람은 다만 스승님이 원한을 풀고자, 바쁘게 오가며 상의하고자 하는 것뿐입니다. 이렇듯 힘써 청하니 주인께서는 사양하지 마시고, 몸소 가 보십시오. 저 사람의 말이 진실로 미덥지 않다고 해도, 일이라는 것은 마땅히 한번 가 봐야 아는 것이 아니겠습니까? 또 하물며 우리에게 이르러 변할 여지가 있는 것인데, 이러한 일을 행하는 데 어찌 믿지 못하십니까?"

하였다.

주인이 역시 마음으로 웃으며 좋은 말로 그를 보냈다.

해가 지나 신미년(辛未年, 1871년) 정월에 박사헌(朴士憲)이 역시 필제(弼濟)의 부탁으로 또 와서 말하기를,

"전일에 세 사람이 다녀갔는데도 주인께서 끝내 오시지 않으셨기 때문에 제가 지금 부득이 왔습니다. 주인께서 만약 그 사람을 보게 된다면, 가히 그 사람의 허실(虛實)과 진위(眞僞)를 알 수 있을 것입니다. 그러니 잠시 가 봄이 어떻겠습니까?"

하니, 주인이 물어 말하기를,

"노형이 그 사람과 더불어 달포를 지내면서 은근히 서로 이야기를 하였다고 하니, 그 사람의 동정을 가히 알 것이라. 지난번 세 사람이 말한 바 있으나, 비록 소진(蘇秦)⁴의 말이라고 해도, 나는 믿을 수가 없소. 그러니 노형은 나를 추호(秋毫)도 속일 마음을 갖지 마시오."

하였다.

사헌(士憲)이 말하기를,

"제가 어찌 알 수 있는 도리가 있겠습니까? 그 사람이 말하는 바를 듣고 보건대 일마다 수긍이 가고, 또 제가 사람의 마음을 알 수는 없으나 다만 스승님을 위하는 마음으로 말을 하는 까닭으로 저 역시 그럴 듯하게 여기어 이렇듯 오게 된 것입니다."

라고 답하니, 주인이 말하기를,

"비록 그러하나 내가 그 형세를 보아 가도록 하겠다."

하며, 사헌(士憲)을 돌려 보냈다.

그 후 2월에 권일원(權一元)이 와서 말하기를,

"전일에 사람들이 여러 번 와서 의논을 했고, 또 필제(弼濟)가 스승님을 위하여 한번 설원(雪冤)하고자 하는 뜻이 이와 같이 간절하여

4　戰國時代의 정치가. 여러 나라를 돌아다니며 六國合從說을 주장하고, 六國의 大臣이 됨.

여러 번에 이르렀으니, 서로간에 원한을 지니고 있기는 일반이요, 또 같은 생각을 품은 것이 아니겠습니까? 이제 만약 주인께서 한번 가게 된다면 가히 그 사람에 대한 대접이 될 것입니다."

하니, 주인이 부득이하여 다만 그 말만을 믿고 같이 가서 필제(弼濟)를 만나보았다.[5]

필제(弼濟)[6]가 덕이 있는 듯한 음색(音色)으로 말하기를,

"노형께서 오는 것이 어찌 이리 늦습니까? 내가 노형과 더불어 처음에는 서로 친하지 못하였으나, 그러나 스승님을 위하는 계획으로써 노형의 집에 사람 보내기를 한두 차례 한 것이 아니요, 네댓 번에 이르니 나를 괄시함이 이와 같음에 이르리오. 여러 말 할 것 없이 내가 스승님의 원한을 풀어 보고자 뜻을 품은 지 이미 오래되었습니다. 옛글에 이르기를, 하늘이 주는 것을 받지 않으면 오히려 재앙을 받게 된다고 하였으니, 나 역시 천명(天命)을 받은 사람이라. 내가 또 이를 말한다면, 옛날에 단군(檀君)의 영(靈)이 유방(劉邦)[7]에게 화하

---

5 이때 李弼濟(李弼)를 寧越로 보러 갔다는 기록이 있다. "親히 寧越을 가서 李弼을 보니…(創)."
6 李弼濟에 관해서는 수운이 得道 이전에 天下를 周遊할 때 聞慶 鳥嶺山中에서 大賊떼를 만났는데, 그때 賊魁와 賊徒가 수운의 말과 인격에 感服하여 수운을 追從하기로 맹세하였고, 그 후에 그 賊魁가 경주에 와서 수운을 뵙고 道를 받고 돌아갔다는 이야기가 있다. 그 賊魁가 李弼濟라고 한다(創)(東).
7 漢나라를 세운 漢高祖.

여 태어났고, 유방(劉邦)의 영이 주원장(朱元章)[8]에게 화하여 태어났으니, 지금 세상에 이르러 단군의 영이 다시 세상에 왔다고들 하니, 하루에 아홉 번 변하는 것이 바로 나라. 한 가지는 선생의 부끄러움을 설원하는 것이요, 또 한 가지는 뭇 백성의 재앙을 구제하는 것이오. 첫째 나의 뜻은 중국을 창업하는 것이라. 이렇듯 내가 이 땅에서 일을 일으키는 것은 다름이 아니라, 선생께서 말씀하시기를 동(東)에서 나서 동에서 받았고, 그런 까닭으로 그 도(道)를 이름하여 동학(東學)이라 하셨으니, 동(東)은 동에서 일어나는 것이기 때문에 영해(寧海) 지역이 바로 우리나라의 동해가 되오. 이런 까닭으로 동쪽에서 일을 일으켜 지금에 이르렀으니, 스승님을 위하는 사람이 어찌 이에 따르려 하지 않는단 말이오. 나의 이름이 세상에 알려져서 조정(朝廷)에서도 역시 알고 있는 까닭에 오영(五營)이 모두 응하고, 육조(六朝)가 머리를 돌려 바라보니, 이것이 어찌 천운(天運)이 아니겠소? 그대들이 만약 따르지 않는다면 그대들의 신명(身命)이 나의 손에 달려 있는 것이라. 듣고 듣지 않고, 또 따르고 따르지 않는 것을 내가 어찌 상관하리오. 속담에 일러 말하기를, 하늘을 따라 내려왔고 땅을 따라 나왔다고 하니, 한마디로 말해서 선생님께서 욕(辱)을 당한 날이 곧 3월 초열흘 일이라. 그날로써 완전히 정하여 다시 다른 말

---

8 明나라를 세운 明太祖.

이 없이 나를 따르도록 하시오."
라고 말하였다.

이에 주인이 그 모습을 보고, 그 말을 듣건대 범상(凡常)한 사람이 아니라고 여겼다. 다만 마음에 시험할 뜻이 있어, 며칠을 머물며 그 동정을 살펴보니, 하루에 서너 번 변하면서도 오직 한가지로 선생님의 원통함을 이야기하니, 이런 까닭으로 억지로 따르기는 하여도 미심쩍은 바가 있어 결정을 하지 않았다. 그래서 다시 말하기를,

"천만 가지 일이 빨리 하고자 하면 실패하는 것이라. 물러나 머물면서 가을에 일을 일으키는 것이 어떠한가?"
하니, 필제(弼濟)가 소리 높여 크게 말하기를

"나의 큰일을 그대가 어찌 물리쳐 멈추고자 하는가? 다시는 번거로운 소리를 하지 말라."
하였다. 주인이 그 형세를 어찌할 수가 없어 물러나 강수의 집으로 가서 이러한 뜻을 이야기하니, 강수 말하기를,

"저 역시 가서 본 연후에 따를 만하면 따르고 물리칠 만하면 물리치도록 하겠습니다."
하며, 어느 날 같이 가기로 계획을 하였다.

주인이 또 춘서(春瑞)를 만나보니 그 사람 말도 역시 그러하였다. 강수가 주인과 같이 가서 이필제(李弼濟)를 보니 역시 들은 말과 같았다.

강수가 필제에게 말하기를,

"노형의 마음이나 뜻을 나는 알지 못하겠다. 그러나 노형은 어찌 하필 도인(道人)으로서 일을 일으키려고 하는가?"

하였다. 필제(弼濟)가 노하여 말하기를,

"그대는 도(道)를 배반한 사람이다. 내가 지금 스승을 위하는 마당에 사근취원(捨近取遠)하겠는가? 선생의 일을 도모하는데 도인(道人)을 취하지 어찌 세상의 무리들을 취하겠는가?"

하였다. 강수(姜洙)가 대답하여 말하기를,

"남자가 세상 일에 있어 홀로 그 욕심을 취하여 그 이치를 살피지 아니하면, 끝내 그 해로 인하여 실패를 하게 될 것이다. 노형은 항우(項羽)의 우직함을 보지 못했는가? 고집을 부리다가 뜻을 잃게 되니, 즉 범증(范增)[9]의 간(諫)함을 후회해도 다시 미치지 못할 것이라. 지금 일을 일으키려 하는 것을 내가 어찌 멈추겠는가? 노형은 깊이 헤아려 처리하는 것이 어떻겠소?"

하니, 필제(弼濟)가 강수(姜洙)의 기상과 말하는 모양을 보고서는 노기를 풀고 온화한 말로 말하기를,

"형의 말이 비록 그러하나, 날이 정해졌으니 물러나기 또한 어렵고 나아가기 또한 어렵게 되었소. 운(運)이라는 것은 다시 오지 않는

9　楚나라 項羽의 謀臣. 뒤에 항우에게 의심을 받고 彭城에서 죽었다.

것이요, 때라는 것도 다시 오지 않는 것이라. 때는 3월이니 오직 선생님의 원통한 날이라. 이 어찌 춘삼월(春三月) 호시절(好時節)이 아니겠는가? 일이란 급히 쳐서 (기회를) 잃지 말아야 하는 것이오. 오직 바라건대 노형께서는 내가 일을 서둘러 한다고 말하지 마시오."
하였다.

강수 역시 부득이 이를 좇을 때에 김낙균(金洛均)이 경중(京中)으로부터 와 당도하여 소매 안에서 관인이 찍힌 서찰[印簡書]을 꺼내어 필제(弼濟)에게 주니, 필제가 펼쳐 본 후에 기쁜 빛이 있는 것 같더니, 수선스럽게 유혹하며 말하기를,

"이 편지는 지금 관리로 있는 금장(禁將)의 서찰이요, 또 다른 편지 한 장은 지금 관리로 있는 훈장(訓將)의 서찰이라. 이와 같이 정녕코 되었으니, 어찌 의심함이 있으리오."

주인이 강수(姜洙)와 더불어 즉시 김동규(金東奎)의 집으로 가니, 동규(東奎)가 흔연히 영접하며 말하기를,

"어디에서부터 오십니까?"
하니, 대답하기를
"필제(弼濟)를 보고 오는 길이다."
하였다.

동규(東奎)가 말하기를,

"일이 급합니다. 제가 갖추어 준비한 지 오랩니다. 주인께서는 속

히 댁으로 돌아가시어 그 때를 잃지 않으심이 어떻습니까?"
하였다.

  이튿날 주인이 집으로 돌아오고 강수 역시 돌아오는 길에 춘서(春瑞)를 만나보니, 춘서 역시 강수에게 말하기를,

"내가 필제(弼濟)를 만나 보니, 사람이 비록 범상치 아니하나 그 사람의 마음을 측량하기는 어려웠습니다. 우리들이 그 무리로 들어간 것은 이치에 맞는 일이 아닙니다. 그러나 저 사람이 다만 선생의 일로써 주장을 삼아 말을 하고 있으니, 우리 역시 그를 따라서 온 것일 뿐입니다."
하였다.

  강수가 즉시 청하(淸河)에 가서 이경여(李敬汝) 부자와 아우, 조카들을 보고 또 필제(弼濟)를 찾아가 보았다. 그곳에서 의기(意氣)에 찬 글[論文]을 펼쳐 보고, 그 문체가 이치에 통했음을 찬탄하였다. 경여(敬汝) 부자는 그때 곧 자신의 일로 배소(配所)에서 마침 돌아온 때였고, 이런 일 저런 일로 역시 뜻이 있었던 때라, 즉시 이를 따르게 되었다. 강수는 그날에 이르러, 처자(妻子)를 타일러 안심시키고 아우와 더불어 같이 그곳으로 가니,[10] 모여든 사람들이 거의 500여 명이나 되었다.

---

10 다른 기록에는 姜洙가 李弼濟의 일에 참여한 기록이 안 보인다.

도를 밝히다

필제(弼濟)가 단(壇)을 설치하고, 몸소 천제(天祭)를 행할 때에 전일에 정(鄭)이라고 행세하던 자가 갑자기 바꾸어 이일회(李一會)라고[11] 스스로 칭하니, 사람들이 모두 놀라 왕왕 구덩이마다 시끄럽게 떠드는 소리가 분분했다. 일이 이 지경에 이르니 이른바 진퇴유곡(進退維谷)이라고 할 국면이 있다.

때는 밤이라, 장차 한밤중이 되려 하는데, 성중(城中)으로 돌입하여 불을 놓고, 원을 잡아내리고 그 군기(軍器)를 뺏을 때에, 본부(本府) 별포(別炮)가 창황히 급히 도주하며 포를 쏘니, 의병(義兵)들이 흩어져 돌아가고, 필제(弼濟)와 낙균(洛均)이 동헌(東軒)으로 즉시 들어가 본관 사또를 잡아내리고 그 죄를 헤아려 말하기를,

"너는 국록(國祿)을 먹는 신하로 어지럽혀 정사(政事)를 그르치고, 백성을 학대하기 이와 같고, 재물을 탐하기를 이와 같아, 길거리에는 (너를 비방하는) 방(榜)이 붙어 있고, 시정에는 원망하는 소리가 자자하니, 바로 이것이 이 고을의 민심(民心)이라. 죄를 장차 어떻게 할 것인가? 비록 용서하고자 하나, 의(義)로써 탐관(貪官)인 부사(府使) 이(李, 이름 未詳)[12]를 죽여야겠다."

하였다.

---

11 李弼濟가 姓名을 '李一會'로 바꾼 기록은 없고, 다만 姓만 '李'로 바꾼 기록이 있다(會).
12 府使의 이름이 '정'이라는 기록이 있다. "直入府廳 拘執知府李土政(侍)" "廳內에 直入해야 府使 李土政을 殺害하다(會)."

이때 온 나라가 소동이 일어, 수목(守牧)들이 바쁘게 도망하기에 이르렀다. 아아, 저 필제(弼濟)가 억울한 인명을 해치고 상하게 하는 것이 어찌 이와 같이 심했던가.

따르던 사람이 모두 죽고, 필제(弼濟)의 세력이 그 힘을 다하게 되어 흡사 낮에 나온 승냥이 꼴이 되었다. 성(城)을 나와 영양(英陽)에 이르니, 잘못 들어 거사치 못하고, 즉시 일월산(日月山) 아래로 들어갔다. 영양 사또가 크게 군사를 풀어 그 무리를 쫓아 산 안으로 들어가 포위를 하고 포를 쏘니, 마치 우물에 갇힌 꼴이 되었다. 급함을 당하여 탈출하기도 어려운 지경에 이르니, 일이 마음과 같지 않아 각기 흩어져 도망하게 되었다. 이 같은 창황중에 어찌 처자를 돌아볼 수 있겠는가. 형세가 장차 급해지니 도망하는 것이 상책(上策)일 뿐이다.

강수가 주인에게 말하기를,

"우리의 형세가 이와 같이 궁한 지경에 이르렀으니, 장차 어떻게 하겠습니까? 화(禍)가 필제(弼濟)로부터 일어나 이렇듯 위험한 지경에 빠졌으니, 누구를 원망하고 누구에게 허물을 돌리겠습니까? 비록 일이 이 지경에 이르렀으나 같이 필제의 뒤를 따라, 일후(日後)의 진위(眞僞)를 보고, 또 그 사람의 거취(去趣)를 보아, 이 사람을 버리지 말고 같이 도망하도록 하시지요."

하였다.

그날 이후 밤에는 가고 낮에는 숨어 있으며, 험난한 산길에 행리가 분분하고 간간이 좁은 길을 걸어, 밤으론 달빛이 희미한데, 호랑이 우는 소리 원숭이 우는 소리가 들리고, 계곡은 깊고 깊어 며칠을 주린 가운데 길을 가니 배에서는 우뢰 같은 소리가 난다.

이와 같은 때에 선생(水雲)의 가족이 영월(寧越) 소미원(小美院)에 있다는 말을 들었다. 의관도 제대로 입지 못하고 신도 제대로 신지 못한 채, 행장은 갖추었으나 주머니와 바랑은 비어 지극히 곤궁(困窮)하게 되었는데, 다행히 하루의 노자를 얻게 되어, 주인은 동구(洞口)에 있고 강수(姜洙)만 홀로 가서 선생의 집을 물을 때에, 세정(世貞)의 처가 동이를 끼고 물을 긷다가 문득 강수 오는 것을 보고, 급히 방으로 들어갔다. 강수가 아낙네의 모습을 알아보고 기쁜 마음으로 들어가니, 아낙네가 얼굴에 노기(怒氣)를 띠고 불공하게 물어 말하기를,

"무슨 면목(面目)이 있어 오십니까?"

하고, 구박하여 쫓아내는 모양이 매우 심했다. 강수가 그 분함을 참으며 애써 물어 말하기를,

"사모님께서는 안녕하시며, 세정(世貞) 형제도 안녕하십니까?"

하니, 아낙네가 대답하기를,

"사모님께서는 한 달 전에 피하여 정선(旌善)에 가셨고, 집의 두 형

제분도 역시 어느 곳인가로 도망갔습니다.”

강수 말하기를,

"날도 이미 저녁이 되었는데, 혹 저녁밥이 있으면 우리가 한 그릇 얻어 먹을 수 있는지요?”

하니, 아낙네가 대답하기를,

"우리집 식량이 다 된지 오래요. 무슨 저녁이 있으리오.”

하고는, 조금 있다가 밥을 주며 말하기를,

"장기서(張奇瑞)의 집에서 얻어온 것입니다.”

하였다. 강수 또 빌어 말하기를,

"혹 도와줄 만한 물품이 있으면 (우리에게) 베풀어 주시겠소?”

하였다. 역시 아무것도 없는 방 한가운데 어느 물품 두세 가지가 있어서,

"이것은 누구의 물건이요?”

하니, 아낙네가 말하기를

"나의 동생 몽치(夢致)의 물건입니다.”

하였다. 강수가 말하기를

"몽치(夢致)의 보퉁이가 어찌 이리 많은고?”

하였다.

그 집에서 묵으려 하였으나, 주인이 밖에 있는 고로 크게 그 아낙네를 꾸짖고 말하기를,

"지난날의 은혜를 생각하지 아니하고 이와 같이 괄시를 하오. 허나 그 정리(情理)를 보아 가히 참는 바요."

하였다.

강수가 물건을 갖고 가서 주인에게 갖추어 보이며 말하기를,

"사모님께서는 정선(旌善)으로 피해 가셨고, 세정(世貞)과 세청(世淸)은 어디로 갔는지 알 수가 없습니다. 괄시하기가 이만저만 아닙니다."

하니, 주인이 이를 듣고, 더욱 한심함을 느꼈다. 강수가 주인에게 일컬어 말하기를,

"조금 전에 이곳 촌로의 말을 들으니, 본부(本府) 전령(傳令)의 말이 정수막(停守幕)을 만들어 수상한 사람을 탐문하고, 잡아서 관청 뜰에서 다스린다고 합니다. 지금 어찌 돌아가겠습니까? 심히 두렵습니다."

하였다.

밤이 점차 한밤중이 되어, 어둠 속에서 동구로 나오니, 밤빛이 희미하여 지척을 분간하기 어렵고, 지팡이를 더듬어 길을 찾으니, 이마가 석벽에 닿고, 새벽 이슬이 옷에 젖고, 발은 언덕에 미끄러지고, 손을 들어 가리키니 물과 산이 어찌 이리도 많은고.[13]

---

[13] 다른 기록에는 해월과 강수가 이곳에 와 世貞의 처를 만났다는 내용이 없다.

필제가 말하기를,

"정기현은 나와 친한 사람이다. 역시 같이 모의했던 사람이다. 바로 이 사람의 집을 찾아가 숨어 있겠다."

하였다.

단양으로 가서 기현의 집을 찾아 물으니 기현이 혼연히 맞아주었다. 필제와 기현이 밤이 새도록 서로 무슨 의논을 하였다. 필제는 김창화의 집으로 가서 밤을 보냈고, 주인은 정석현의 집에서, 강수와 김성문은 영춘 김용권의 집에서 밤을 보냈다.

이때 관문[14]이 바삐 오가고, 방백 수령은 놀라서 겨를이 없으며, 각 영(營)의 포졸과 군현의 포졸이 방방곡곡(坊坊曲曲)에 출몰하기를 그렇지 않은 곳이 없었다.

이때 안핵사(按覈使)[15]는 안동부사(安東府使) 박재관(朴在寬)[16]이었고, 감사(監使)는 김공현(金公鉉)이었다. 혹 잡히고 죽고 또는 정배(定配)되었고 백방(白放)이 된 사람의 수는 삼백에 이르렀다. 장계문초(狀啓文草)에 원죄인(元罪人) 전동규(全東奎)[17]의 이름이 있고, 그 나머지 억울하게 죽은 사람들이 나타나는데, 동규(東奎)의 당내(堂內) 서너 명, 울

---

14 상관이 하관에게 보내는 공문.
15 원문의 按覆使는 按覈使의 誤記.
16 安東府使 朴在寬이 朴濟寬으로 된 기록도 있다(侍).
17 全東奎의 姓이 '金'으로 된 기록도 있다(侍)(創)(東).

진(蔚珍)의 남기상(南基祥), 김(金, 이름은 未詳), 영해(寧海)의 박사헌(朴士憲) 형제·권일원(權一元) 부자·박량언(朴良彦)·박지동(朴知東)·권덕일(權德一)·김생(金生, 이름은 未詳)·영덕(盈德) 임만조(林蔓祚)·구일선(具日善)·강문(姜汶)·김기호(金基浩)·청하(淸河)의 이국필(李國弼) 형제·안생(安生, 이름은 未詳)·홍해(興海) 백생(白生, 이름은 未詳)·박황언(朴璜彦)·연일(延日) 천생(千生, 이름은 未詳)·박생(朴生, 이름은 未詳)·경주 북산중(慶州 北山中) 이사인(李士仁)·김만춘(金萬春)·정치선(鄭致善)·김생(金生) 숙질(叔姪, 이름은 未詳)·김경화(金慶和)의 백형(伯兄)·영양(英陽)의 장성진(張星進)·김용운(金龍雲) 형제·최준이(崔俊伊) 등이었다. 그때 영덕(盈德)의 현령은 정세우(鄭世愚)였다.

도망하여 살아난 사람은 영해(寧海)의 박군서(朴君瑞)·이인언(李仁彦)인데, 이들은 배도(背道)한 사람들로서 필제(弼濟)의 모사자(謀事者)들이다. 이외에 전윤오(全潤吾) 숙질(叔姪)·김경화(金慶和)·전덕원(全德元)·김계익(金桂益)·김량언(金良彦)·임근조(林近祚)·임덕조(林德祚)·임인조(林仁祚)·박춘서(朴春瑞)·유성원(劉聖元)·전성문(全聖文)·김용여(金用汝)·박영목(朴永木)·정치겸(鄭致兼)·김성길(金成吉)·서군효(徐君孝), 상주(尙州) 사람 김경화(金敬和)·김형노(金亨老)·김오실(金吾實)·김순측(金舜則)·이군강(李君康)·임익서(林益瑞)·권성옥(權成칠)·황재민(黃在民)·김대복(金大福)·김치국(金致國)·김윤백(金潤伯)·백현원(白賢元)·김성진(金成眞)·신성화(申聖和)·배감천

(襄甘泉) 형제, 영덕(盈德) 사람 김생(金生, 이름은 未詳)·구계원(具啓元)·영덕 사람 김생(金生, 이때 安東 春陽에 있었음), 대구 사람 김성백(金聖伯)·강기(姜淇)·정용서(鄭龍瑞)·홍해(興海) 사람 김경철(金敬哲)·손홍준(孫興俊)·안동(安東) 사람 김영순(金永淳) 등이다.

박재관(朴在寬)은 성품이 본래 인자하고 어질어서 사람을 상하게 하거나 물건을 해치는 사람은 아니었다. 민란(民亂)에 대하여 정배(定配)할 사람은 정배시키고, 죄 줄 사람은 죄를 주고, 그 은혜를 베풀어 백방(白放)시키는 경우가 많았으니, 실로 사람이 덕을 쌓은 사람이라고 하겠다.

선생의 홍비가(興比歌)[18]에, 소위 일컫는 바 문장군(蚊將軍)[19]이 바로 이것이니, 어찌 이필제(李弼濟)가 아니겠는가? 도인(道人)으로 거짓을 꾸며 (사람들을) 불러 끌어들여, 도(道) 중에 몰래 의심받지 않는 기틀을 만들어 놓고, 험난한 지경으로 몰아 넣었다가, 한번 일으키고 패해서 돌아가니, 사람을 속이는 마음이라. 진실로 신(神)의 눈이 번개 같다 일컬을 수 있구나! 하늘이 반드시 이를 공격하리니 가히 두렵지 아니한가?

---

18 『龍潭遺詞』 중의 한 篇.
19 『龍潭遺詞』 「興比歌」의 한 구절. "지각없다 지각없다 이내 사람 지각없다 飽食揚去 되었으니 蚊將軍이 너 아니냐."

3. 관의 지목(指目)과 도피

　신미년(辛未年, 1871년) 4월에 주인은 석현(碩鉉)의 집에 있고, 강수(姜洙)는 용권(用權)의 집에 있었다. 각기 스스로 살기를 도모하여 성(姓)을 바꾸고 이름을 고쳤다. 몸은 용부(傭夫)가 되어 밭을 가니, 생각이 언덕 위를 나는 기러기와 같고, 소를 먹이니 모습이 목초지(牧草地) 위의 양과 같다. 혹 산에서 나무를 하고 혹 물에서 고기를 잡으니, 산은 부춘(富春)[1]의 숨은 자취에 족하지 못하고, 물은 위수(渭水)가에 이르는 주(周)[2]나라에 족하지 못하다. 이때 문득 문장군(蚊將軍)의 모함을 알고, 스스로 지각(知覺)의 매몰(昧沒)함을 한탄하였다.
　5월에 이르러 강수(姜洙)가 주인이 있는 곳으로 왔다.[3] 주인은 밤에는 새끼를 꼬고[4] 낮에는 김을 매어, 그 모습이나 의복의 남루함이 가히 볼 수가 없고, 말로써 어찌할 수가 없었다. 강수가 말하기를,

---

1　중국 浙江省內에 있는 산. 後漢의 嚴光이 숨어 있던 곳.
2　太公望 呂尙이 渭水에서 낚시하고 있다가, 周나라 文王의 부름을 받고 宰相이 되었다는 故事.
3　이때 姜洙는 永春 金用權의 집에 있다가 海月이 있는 丹陽 鄭碩鉉의 집으로 온 것이다. "五月에 姜洙ㅣ 永春으로부터 來하야…(會)."
4　원문 索陶는, 索綯의 오기

"어찌하여 답답하게도 오랫동안 이곳에 계십니까? 저와 함께 가서 함께 잡수시고 마시며, 목숨을 보존할 계책을 꾀하는 것이 좋을 것 같습니다."

하므로, 즉시 같이 영월(寧越)에 있는 정진일(鄭進一)의 집으로 갔다. 이 사람은 본래 양양(襄陽) 사람인데 기현(基鉉)의 친척이다. 주인과 강수는 이후로부터 호형호제(呼兄呼弟)하며 도원(桃園)의 결의를 맺었다.

6월에 이르러 황재민(黃在民)을 우연히 만났다. 때때로 서로 지나간 일을 더듬어 혹 담소(談笑)로 즐거움을 삼으며 잠시 신세의 곤궁함을 잊기도 하였다.[5]

8월에 이르러 홀연히 문경(聞慶)의 변(變)을 듣고, 마음이 문득 놀래어 실제를 캐어 들어본즉, 필제(弼濟)가 또 기현(基鉉)과 거사(擧事)를 한 것이다.

앉아 있는 자리가 따뜻하지 못한데 또 이와 같은 변이 있으니, 위험하구나 필제의 명이여. 하늘이 어찌 이 사람을 남기어 망령되게 자작지얼(自作之孼)을 삼게 하여 어찌 이리 이치를 거스르게 함이 심한 것인가? 슬프다, 기현(基鉉)이여. 이 사람으로 인하여 화를 부르게 되고, 마침내 역명(逆命)에 이르렀으니, 슬프구나. 필제(弼濟) 때문인

---

5 이때 官의 수색으로 海月의 가족, 孫氏夫人이 잡혀갔다는 기록이 있다. "一日은 多數官隷 來하야 神師를 搜索하는지라 孫夫人이 官隷에게 謂曰 良人의 所在를 吾亦不知하니 寧히 吾ㅣ 獄에 自就하리라…(會)." (書)(創)(侍)의 기록도 같다.

도를 밝히다

것이다.

문경(聞慶) 사건으로 인하여 또 온 나라가 시끄럽게 되고, 각 진영(陣營)의 포졸(捕卒)이 방방곡곡에 퍼져서 이르지 않은 곳이 없었다. 주인과 강수가 헤아려 본즉 구초(口招)의 단서가 있을까 두려워 자취를 감출 셈으로 미리 피하고자 뜻을 세웠다.

정사일(鄭士一)이라는 이름으로 본부(本府)의 장차(將差)가 경상 감영에 부쳐 정진일(鄭進一)의 집을 이문(移文)[6]하여, 집을 모두 다 집행하고 정사일(鄭士一)의 처를 잡아들였다. 강수가 주인과 더불어 그때 그곳 박용걸(朴龍傑)의 집에 있었는데,[7] 이와 같은 변을 보니 마음이 더욱 두렵고 황망해서 즉시 황재민(黃在民)과 더불어 여러 날을 산에서 피해 있었다.

배고픔과 추위를 견디지 못하고 사가(師家)를 향해 갈 때, 행색은 말할 수 없이 초라했다. 약초(藥草)를 캐는 행색을 하고 사가로 들어가니, 사모님과 세정(世貞), 세청(世淸)이 이러한 행색을 보고 놀라 물어 말하기를,

"그대들의 행색이 어찌하여 그러한고."

---

6 관청 사이에 서로 照會하는 것.
7 朴龍傑은 다른 기록에는 海月과 姜洙가 피하여 太白山에 들어갔다가 우연히 만나 많은 도움을 받고, 또 入道시킨 사람으로 되어 있다. "一日樵人來叩曰 尊客從何而來也 師曰 我本嶺南人 遊覽至此 山路甚迷 以失歸路也…樵者曰 生卽寧越郡直谷里朴龍傑也(侍)." 이런 내용은 (會)(創)(東) 모두 같다.

하였다. 강수가 말하기를,

"저희들은 일을 범(犯)한 적이 없습니다. 그러나 또 이번 문경(聞慶)에서의 변고는 필제(弼濟)로 인하여 일어난 일이었습니다. 그래서 혹 구초(口招)의 단서가 있을까 하여 이렇듯 온 것입니다."

하였다.

세정(世貞)·세청(世淸) 형제가 그 말을 듣고 갑자기 얼굴빛을 변하여 말하기를,

"내일 우리 형제는 초례(醮禮)[8]의 행장이 있어 양양(襄陽)에 가기로 작정하였습니다. 집이 비고 주인이 없으니 어찌 잠시나마 머물 수 있겠소?"

하므로, 강수가 힘들여 대답하여 말하기를,

"그렇지 않다. 그대의 형제가 이미 초례(醮禮)에 가기로 하였다니, 좋은 도리가 있다. 우리가 하인이 되어 한 사람은 고삐를 잡고 한 사람은 함을 지고 가면, 누가 우리를 수상한 사람이라고 여기겠는가?"

하였다.

세정(世貞)은 그럴 뜻이 있는 것 같으나 대답이 없고, 세청(世淸)은 노기가 등등하여 입을 내밀고 대답하지 아니하였다.

---

8 혼인을 치르는 예식.

밤이 아직 다 새지 않아 일찍 밥을 지어 먹으려고 하거늘 강수가 묻기를,

"날이 아직 밝지도 않았는데 밥은 왜 이렇듯 일찍 하는가?"
하니, 세청이 말하기를,

"우리가 가까이 살면서 다만 의지하는 사람은 장기서(張基瑞)인데, 그 사람이 일찍 보내라고 말을 했기 때문이요."
하였다.

강수가 크게 소리쳐 분연(憤然)히 말하기를,

"과연 일이 그렇다고 하고, 비록 내일 떠난다고 해도, 오늘은 이 집에 있는 것이다. 그대들이 이처럼 급한 지경에 있어 한 번 쫓아내는 것은 혹 그럴 수 있다고 할 수 있지만, 두 번 씩이나 사람을 괄시하여 대접함이 어찌 이러한가? 사문(師門)의 의(義)는 고사하고 주인(海月)을 대함에 체면도 돌보지 않고 사리(事理)도 생각지 않음이 이와 같으니, 하물며 인정(人情)에 있어 이 어찌 참을 수 있으리오."
하였다.

밥 먹기를 마치고, 주인이 잡아당기며 말하기를,

"우리의 신명(身命)이 어찌 다른 사람에게 베풀 수 있으리오. 곤궁함도 하늘의 뜻이 아님이 없으니, 지금에 이르러 누구를 원망하고 누구를 허물하겠는가? 나의 행장 안에 일곱 냥의 돈이 있으니 이것으로 거의 한 달 노자는 될 것이다. 원컨대 초례(醮禮) 가는 길을 따

라 잠시 인도를 해주면 아마도 잡히는 것은 면할 수 있을 것 같다. 깊이 생각하고 헤아려 주기 바라네."

하였다.

세정(世貞)은 연연(戀戀)히 여기는 모양이 있어, 동생에게 권하여 설득하는데, 세청(世淸)이가 끝내 이에 대답하지 않았다.

해가 뜰 무렵에 행장을 꾸려 형제는 나란히 길을 떠났다. 주인이 강수에게 일컬어 말하기를,

"우리의 신세가 갈 수도 또 올 수도 없는 지경에 이르렀으니, 물러나 산에 가 숨는 것이 좋을 듯하다."

하며 행장을 짊어지고, 사모님께 절하여 하직을 고하고, 그곳을 떠났다.[9]

정상(情狀)을 어찌 말로 다할 수 있으리오. 발은 부풀어 누에 고치같이 되었고, 지팡이를 끌고 다리를 절며 걸으니, 향할 곳이 없었다. 황재민(黃在民)이 바위 아래 머무르며 불을 놓고 앉아 기다리고 있다가 두 사람을 보고 미친 듯이 일어나 맞이하며 말하기를,

"어디에서 오시는 겁니까?"

---

[9] 이때 해월이 강수와 함께 太白山으로 갔다는 기록이 있다. "神師ㅣ 姜洙와 더불어 朴夫人을 辭하고 太白山으로 向하시다(會)." 또 太白山이 아니라, 小白山이라는 기록도 있다. "師與洙 辭避入小白山中(侍)." 이외 모든 기록이 같다. 또 다른 기록에는 해월과 강수가 師家를 찾은 내용이 없다.

하니, 대답하기를,

"사가(師家)에서 오는 길이오."

하였다. 재민이 말하기를,

"지금은 어떻게 할 수가 없습니다. 세 사람이 같이 가면 반드시 한 가지로 고생할 것이니, 살든지 죽든지 깊이 태백산(太白山)에 들어가 배가 고프면 소나무 잎을 먹고, 목 마르면 샘에 가서 마시고 하며, 하늘의 보살핌을 기다리는 것이 좋을 듯합니다."

때는 9월이요 절기는 가을이라. 모름지기 길을 떠나, 높은 곳은 오르고, 또 아래로 내려가 계곡을 건너고, 절벽을 오르니, 단풍이 소슬(蕭瑟)하고 누런 가을잎이 바람에 나부낀다. 한편으로는 물이 있는 곳을 찾고, 한편으로는 무릎이나마 간신히 펼 수 있는 바위를 찾아 이파리를 쓸어내고 자리를 만들고, 풀을 엮어 초막(草幕)을 지었다.

밤에는 불을 놓고 낮에는 나무를 하고, 노래를 부르며 고사리를 캐니, 그 굶주림이 수양(首陽)의 자취[10]에 못지않고, 절개는 세이처사(洗耳處士)[11]에 비길 수 있고, 부끄럽기는 영천(穎川)의 물을 마시는 것[12]을 감당할 수가 없음과 같다. 달은 맑은 밤을 시기하여 집 생각

---

10 首陽은 殷의 伯夷와 叔齊가 들어가 고사리를 캐 먹다가 굶어 죽었다는 首陽山.
11 堯임금이 왕위를 물려주려 하니 이 말을 듣고 불결한 소리를 들었다 하여 은일군자인 許由가 귀를 씻었다는 故事.
12 許由가 귀를 씻었다는 물인 穎川을 巢父가 더럽다 하여 소에게 먹이지 않았다는 故事.

하는 회포를 막고, 구름은 빛나는 태양을 가려 공연히 사제(師弟)들 생각을 하게 하여 눈물을 흘린다. 굶주려 눈이 혼미해지고, 청산(靑山)이 한가지로 고요하고, 짧은 창자는 비었고(먹은 것이 없고), 푸른 샘물도 다 말라버렸다.

범 우는 소리 들릴 즈음에, 일어나 앉으니 공경하는 생각을 권함이 있는 것 같고, 원숭이 우는 소리 들릴 때에 멈추어 일어나니, 사람을 그리워하는 슬픔이 있는 것 같다. 무슨 절개가 있는가? 마시지 않고 먹지도 못한 지가 열흘이요, 소금 한 움큼도 다 떨어지고 장(醬) 몇 술도 비어 버렸다. 바람은 소슬히 불어 옷깃을 흔들고, 아무 것도 입지 못해 헐벗은 몸으로 장차 어떻게 할 것인가? 말소리는 나무에 걸려 있고 기운은 숙연하여, 사람으로 하여금 생각하게 하는 천고(天高)의 가을에, 생각을 기대어 이를 곳이 없으니, 손을 들어 절벽에 올라 돌아보고 돌아보며 서로 일컬어 말하기를,

"두 사람 중 누가 먼저 하고, 누가 뒤에 할고. 끌어안고 떨어져 죽는 것이 좋겠구나."

하니, 강수 대답해 말하기를,

"형의 말씀이 비록 옳으나, 죽을 곳에서도 반드시 사는 모퉁이가 있는 법입니다. 우리 두 사람이 만약 한가지로 죽어 버린다면, 우리의 일후(日後)의 이름을, 십여 년에 두며 하늘을 공경하고 스승을 위하는 도리를 누가 알아 능히 설원(雪冤)을 하며, 세상에 이름을 나타

내리오. 아직 목숨을 보존함이 역시 마땅치 않겠습니까?"

하였다.

장차 행상(行商)을 할 생각으로 행장을 꾸리고 이를 시험해 보니, 그 형상을 차마 볼 수가 없다.[13]

13일이 되어 재민은 영남(嶺南)으로 가고, 두 사람이 박용걸(朴龍傑)의 집으로 왔다.[14] 이날 밤 삼경(三更)에 박 노인[15]이 우리를 보고 말하기를,

"옷을 이렇듯 얇게 입었으니 그간의 추위와 고생이 어떠했겠습니까?"

대답하기를,

"이러이러 했습니다."

그 노인이 말하기를,

"이렇듯 깊은 겨울을 맞아 어디로 간들 누가 구해 주겠습니까? 우리집에서 겨울을 보냄이 어떻겠습니까?"

하므로, 대답하기를,

---

13 다른 기록에는 이때 바위 아래 동굴에 기거했는데, 大虎가 와서 밤낮으로 머물렀다고 되어 있다. "神師ㅣ 姜洙와 더부러 岩下에 處하야 十四日을 不食하시고 木葉을 嚼하야써 連命하시더니 大虎ㅣ 有하야 晝夜來護하거늘…(會)." 다른 기록도 이와 같다.

14 朴龍傑의 집 宅號가 '海州'라는 기록이 있다. (海)

15 다른 기록에는 朴龍傑이 少年으로 나온다.

"말씀인즉 매우 고마우나, 만약 겨울을 넘기게 되면, 이 동네에 우리를 아는 사람들이 많아 매우 난처할 것입니다."

하니, 그 노인이 말하기를,

"안의 방을 치우고 안에만 계시면 누가 알겠습니까?"

하므로, 대답하기를,

"우리는 친척도 아닌데 방을 치우고 우리가 차지하고 있으면 미안하기 그지없습니다. 만약 노형(老兄)의 말과 같이 한다면, 결의(結義)를 맺음이 어떻겠습니까?"

하니 그 노인이 즐거이 결의를 하였다. 다음날부터 안방에서 지내며 겨울을 보냈다.[16]

순흥(順興)에 있는 노인의 형 되는 사람이 와서 입도(入道)를 하였다. 12월이 되어 노인이 한 사람의 옷을 맡고, 그 형 되는 사람이 다른 한 사람의 옷을 맡았다.[17]

---

16 이곳 朴龍傑의 집에서 四十九齋를 지냈다는 기록이 있다. "入內設四十九齋 於焉歲改 乃壬申正月也(海)."
17 朴龍傑의 집이 있는 이곳은 稷谷里(또는 直谷里)이다. 이곳으로 여러 道人들이 해월을 찾아왔고, 또 특별히 49일 기도를 봉행했으며, 해월의 설법 중의 하나인 「待人接物」을 설교하였다는 기록들이 있다. "四十九日의 祈禱를 其家에서 經하시니 歲色이 已暮하얏더라. 十二月에 各地 頭目이 稷谷里에 來하야 神師를 拜謁한대 神師ㅣ 待人接物의 義로써 徒弟에게 示하시다(會)." 그 외 (創)(書)(東) 등의 기록도 이와 같다.

4. 박씨 부인의 고초

다음 해인 임신년(壬申年, 1872년) 정월(正月) 5일에 허물을 뉘우치는 뜻으로 축문(祝文)을 지어 한울님께 고(告)했다.[1]

6월에 주인이 강수와 함께 스스로 옛날이 돌이켜 느껴지는 그러한 마음이 있어, 서로 일컬어 말하기를,

"저들이 비록 우리를 저버렸으나, 우리가 어찌 저버릴 수 있겠는가?"

하고 즉시 사모님댁으로 가니, 사모님께서 보고 말하기를,[2]

"그동안 어디에들 가 있어 목숨을 도모하였습니까? 지난날에 괄시한 것을 지금까지 생각하고 있습니까? 아이들이 불민(不敏)하였으니, 아이들을 과히 허물치 마시오."

하니, 대답하기를,

"지나치다고 생각했으면, 어찌 이렇듯 왔겠습니까?"

---

1 해월이 이필제의 난에 연루되어 고초를 겪고 또 많은 동학교인이 죽게 된 것을 뉘우친 축문을 짓고 제를 지낸 것이다.
2 이때 박씨 부인이 있던 곳이 尙州 東關岩이라는 기록도 있다. '…與姜洙往謁母氏于尙州東關岩寓舍(侍).'

하였다.

사모님은 그때 병환으로 누워 계실 때였다. 쌀이 없는 까닭으로 날을 기약하고 사람을 순흥(順興)에 보내니, 쌀을 (사람에게) 지워서 보내주었다. 기약한 날을 어기지 않고 쌀이 왔다.

다음 날 있던 곳으로 돌아가 또 순흥(順興)으로 가니, 이곳에 머물던 임생(林生)이 왔다. 쌀을 보내온 지 불과 며칠이 되지 않아 임생(林生)이 다시 오고, 얼굴에 근심하는 빛이 있는 것 같아, 주인이 물어 말하기를,

"돌아간 지 불과 며칠 만에 무슨 까닭이 있어 이렇듯 급하게 왔는고?"

하니, 임생(林生)이 한참 묵묵히 있다가 대답해 말하기를,

"세정(世貞)이가 방금 양양(襄陽)에서 붙잡혀 갔기 때문에 왔습니다."

주인과 강수가 그 말을 듣고 크게 놀라 마지 않았다. 밤에 능히 잠을 이루지 못했으며, 사모님의 기상(氣象) 또한 편안하지를 못하여, 초조하게 떨고 있었다. 세청(世淸)이 역시 황황하여 한 집안이 모두 슬픔에 차 있었다. 마침 그때 전성문(全聖文)이 왔다. 사모님이 말하기를,

"만약 이곳에 있으면 화(禍)가 장차 미칠 것이라. 액(厄)을 피하는 도리가 다만 그대들에게 있으니, 장차 어찌 하겠소?"

하였다. 강수가 말하기를,

"먼저 가족들을 박용걸(朴龍傑)의 집으로 옮기는 것이 옳을 듯합니다."

다음 날을 기다려 황혼녘에 옮기기로 계획을 세웠다.

정선(旌善) 사람 유인상(劉寅常)이 오니, 인상과 더불어 서로 의논하고, 세청(世淸)에게 물어 말하기를,

"동쪽으로 가겠는가? 그렇지 않으면 서쪽으로 가겠는가? 정선(旌善)으로는 아직 갈 수가 없다."

하니, 인상(寅常)이 대답해 말하기를,

"일이 매우 긴박합니다. 제가 빨리 가서 사가(師家)를 보호할 계획을 먼저 주선해 보겠습니다. 접장(接長)들 중에 누가 오든지 주선하여 물건을 보내시지요."

하였다.

이렇듯 의논을 하고 떠나갔다. 그날 저녁에 집안의 여러 물건을 챙겨 혹 짊어지고 혹 머리에 이고 하여, 앞에서는 부르고 뒤에서는 이끌며, 사모님은 남자의 복장으로 갈아입고 관(冠)을 쓰고, 임생(林生)은 짊어지고, 처자(妻子) 두 사람은 동자(童子)의 옷으로 입고, 주인은 사모님을 모시고 뒤에서 따라오고, 강수(姜洙)와 성문(聖文)은 짐을 짊어지고 앞에서 인도하며 박용걸(朴龍傑)의 집을 향해 갔다. 이때가 정월(正月) 28일이었다.

유인상(劉寅常)이 본가(本家)로 돌아가, 그 다음 날로 즉시 신봉한(辛鳳漢)의 집으로 가서 큰집[師家]을 구급(救急)할 방책을 서로 이야기하였다. 그러자 봉한이 즉시 돈 이십 금을 준비하여 보냈다.

주인과 강수, 전성문(全聖文)이 유인상(劉寅常)의 집에 와서 서둘러 상의(相議)를 하니, 부득이 나온 생각이다. 도(道)에 먼저 들어온 사람은 다만 건천동(乾川洞) 금곡도인(金谷道人)들이었다. 강수가 전성문(全聖文)으로 하여금 홍석범(洪錫範)의 집에 오게 하여 사가(師家)를 옮길 일을 이야기하니, 홍석범(洪錫範)이 낙심천만(落心千萬)하여 어찌할 바를 알지 못하였다.

안시묵(安時默)을 오게 하여 강수가 말하기를,

"노형은 수도(修道)하기를 양양(襄陽)에서부터 시작하였소. 양양의 일을 살펴보건대, 난법난도(亂法亂道)의 근원이 여기에서부터 나왔소. 이 일이 이곳에서 나와서 이곳으로 돌아왔다고 말할 수 있소. 우리는 즉 객지(客地)이고, 또 외로운 사람들이라. 속수무책(束手無策)이어서 사가(師家)를 구할 일이 어려운 처지요. 지금 노형이 정성으로 권하여 한때의 급함을 구함이 어떻겠소?"

하니, 안시묵(安時默)이 말하기를,

"접장(接張)의 말씀이 실로 사가(師家)를 위하는 말씀입니다. 뜻과 힘을 다해 하겠습니다."

다음 날에 이르러 돈 열 꿰미를 주며 말을 하니, 강수가 책망하여

말하기를,

"돈 열 꿰미가 비록 족하나, 사가(師家)의 거느린 식구가 예닐곱이라, 사소한 물건으로 어찌 보용(保用)할 수 있겠소?"
하고, 물리쳐 가게 하였다.

다음 날이 지나서 김경순(金敬淳)이 돈 30냥을 짊어지고 왔다. 그중 열 냥은 안시묵(安時默)이 도와준 것이고, 열 냥은 홍석범(洪錫範), 또 열 냥은 김경순(金敬淳)이 도와준 것이라고 말하였다.

먼젓번 신미년(辛未年, 1871년) 3월에 사모님이 홍석범(洪錫範)의 집에서 석 달을 보냈다고 말하였다.

정선(旌善) 사람 신석현(辛錫鉉)이 전성문(全聖文)에게 입도(入道)하고, 최중섭(崔重燮)·진섭(振燮)이 강수에게 입도하였다.

3월 10일에 이르러 인상(劉寅常)이 와서 선생의 제사에 참례하였다. 이때 주인이 강수로 하여금 참회의 뜻으로 '밝음을 나타내는 글(發明章)'을 짓게 하고 고축(告祝)을 하였다.

정선(旌善)에서 돈 오십 금을 수합하여 영춘(永春) 장현곡(獐峴谷)에 집터를 사서 옮겼다. 그때 박용걸(朴龍傑)이 정성을 드리고 힘을 썼다. 이는 자연의 이치에서 나온 것이다.

주인이 임생(林生)으로 하여금 세청(世淸)과 함께 양양(襄陽)에 가서, 세정(世貞)의 옥사(獄事)를 알아보게 하였다. 좌우에서 지목(指目)하는

가운데, 물어볼 만한 곳을 얻기가 어려웠다. 장차 발이 나아가려 하나 주저되고, 입이 말을 하려고 하나 더듬거려져서, 궁벽한 집에 숨어 있으면서 탐문을 해 본즉, 난도(亂道)의 소치로 서로 질투를 하고, 재물과 권세를 쓰는 부류가 수없이 많아, 군(郡)에 이르고 현(縣)에 이르렀다. 네다섯 읍(邑)에 이르니 포덕(布德) 장석(丈席)의 때(辛酉年 布德時)보다 심하였다.

이쪽을 범하고 저쪽을 범하여 불러들이고 문초(問招)하여 서로 얽어매니, 옥사(獄事)의 판결이 언제 내릴지 알 수가 없었다.

주인이 인제(麟蹄)에 가서 탐문해 보니, 소문이 아득하여 도저히 알 수가 없었다. 양구(楊口) 세청(世淸)의 처가(妻家)에 가니, 그 집은 이미 철거되었다고 한다. 김광문(金光文)은 세청(世淸)의 처당숙(妻堂叔)이 된다. 마침 도망할 요량으로 앉아서 갈 곳을 지점(指點)하고 있을 때였다. 그때에 가서 주인이 그 사람의 거취를 상세히 물으니 그 사람이 말하기를,

"저는 지금 소백산(小白山)으로 가려고 합니다. 지도해 줄 사람이 없어 며칠 전부터 오늘까지 떠나지를 못하고 있습니다. 지금 다행히도 주인을 만나뵈오니, 저를 살릴 사람이시군요."

다음 날 김광문(金光文)이 가족을 이끌고 영춘(永春)으로 갔다. 그 후에 김광문의 조카 치옥(致玉) 형제들이 역시 이곳으로 왔다고 한

다.³

사모님의 둘째딸⁴과 세정의 처가 같이 인제(麟蹄)에 갔했다. 김덕중(金德仲)이 장라(將羅)를 이끌고 몸소 각 도가(道家)를 찾아 다녔다고 한다. 세정(世貞)이는 이때 기린(麒麟) 장춘보(張春補)의 집에 있다가 뜻하지 않게 장졸(將卒)들이 집안으로 들이닥쳐 잡혀가게 된 것이다. 아아, 김덕중(金德仲)의 불측함이여, 우리의 도(道)로써 도리어 우리 도인(道人)을 해치니, 양심 없음이 어찌 이같이 극도에 이르렀는가?

4월 초닷새가 되어 박용걸(朴龍傑)의 집에서 제사를 베풀었다. 사모님이 그 아들 세청(世淸)이 오기를 기다렸는데, 저녁이 되어도 오지 않으니, 사모님이 애타는 마음을 스스로 누르지 못하여, 안정을 못하고 들락날락하니, 그 마음이 재가 돼버린 것 같았다. 주인이 사모님을 위로하여 말하기를,

"밤이 이미 삼경(三更)입니다. 때가 늦었습니다. 제사를 지내야 하는데, 사모님의 마음이 편안한 연후에야 저희 마음도 역시 편안해져, 제사를 지낼 수가 있습니다. 그만 그치심이 어떻겠습니까?"

하니, 사모님이 더욱 화를 내며 말하기를,

---

3 이때 해월 등이 머문 곳이 麟蹄郡 舞依梅里에 있는 金秉彌의 집이라는 기록이 있다. '三月 二十三日에 神師ㅣ 世淸과 林某를 率하시고 麟蹄郡南面舞依梅里 金秉彌家에 至하신.… (會).' 그 외 (侍)(書)의 기록도 이와 같다. 특히 이때 金秉彌의 生侄 金演局이 해월의 제자가 되었다는 기록도 있다. "金演局秉彌之侄也 是時師歷訪演局 演局執弟子禮(侍)."

4 수운의 3녀로 된 기록들도 있다(會)(書).

"이 사람 저 사람, 한울님은 무엇입니까? 내가 한울님을 압니까? 그대들이 제사를 지내고 안 지내는 것이 나와 무슨 상관이요?"
하였다.

주인과 강수가 여러 말로 지극히 간절하게 빌었으나, 끝끝내 마음을 돌리지 않아, 부득이 제사를 그냥 지내게 되었다.

다음 날이 지나 세청(世淸)이가 밖으로부터 돌아와 처와 식구를 사모님께 뵙게 하니, 고부(姑婦)의 예(禮)를 객지(客地)에서 행하게 되었다. 돌아옴을 헤아리지 못하니, 인간 세상이 가히 애처로운 것이다. 세정(世貞)의 생사(生死)를 알지 못하니, 모자(母子)의 정으로 어찌 애통하지 않겠는가?

주인과 강수는 유인상(劉寅常)의 집에 와 있었다.[5] 갈 곳이 없어 인상(寅常)에게 말하기를,

"우리가 지금 이곳에 와서 오랫동안 그대 집에 있으면, 사람들이 지목(指目)을 하게 되어 일이 극히 어렵게 되고 난처하게 될 것이오."

하니, 인상(寅常)이 말하기를,

"제가 이미 다가올 뒷일에 관해서는 유념해 두었습니다. 만약 사람들이 지목을 하여 탄로가 나게 되면, 제가 다만 정배(定配) 가기밖

---

5 劉寅常의 집은 旌善郡 霧隱潭里에 있다(會)(書)(侍)(創).

에 더하겠습니까? 조금도 불안해 하지 마시고 편안히 지내십시오."

주인과 강수, 전성문(全聖文)이 한방에서 같이 기거하며, 세상의 일들을 걱정하며 지냈다.[6]

세월은 유수(流水)와 같이 흘러 가을이 되었다. 이때 최중섭(崔重燮)이 때때로 음식을 보내주곤 하였다. 그러한 나날이 한달여에 이르렀다.

아름답구나, 유인상(劉寅常)의 사람됨이여. 차마 아니 하지 못하는 마음으로 위급함을 구해 주는 정(情)에 미치어, 그 어짊(仁)을 부끄러이 여기고, 의(義)를 옳게 여기고, 예(禮)를 사양하며, 슬기로써 불쌍히 여기고 믿음에 뜻을 두니 사단(四端)[7]으로 미루어 보건대 그 사람이 다른 사람으로 미치는 것이 오직 인의예지(仁義禮智)의 성(性)을 알고 사리(事理)의 당연함에 벗어나지를 않는다. 지금과 같은 세상에 한 사람을 대접하는 것도 극히 어려운 일인데, 하물며 세 사람씩이랴?

이 사람이 믿는 바는 일컫는 바 불연(不然)을 믿고 의지하는 것이요, 기연(其然)을 아는 것이로다.[8] 스스로 시작함으로써 끝마침이 있

---

6 劉寅常의 집에서 海月과 姜洙, 全聖文이 49日 기도를 봉행했다는 기록이 있다. "仍히 姜洙와 全聖文으로 더불어 家內 幽僻한 處에 入하사 四十九日 祈禱式을 行하시다(會)."
7 儒家의 德目인 仁義禮智.
8 「不然其然」은 水雲의 『東經大全』 중 한 篇. '不然'은 형상이 드러나지 않는 것이며, 근원적인

는 것이니, 이 사람에게 있어 그 믿음이 어찌 두 개로 나누어질 단초(端初)가 있겠는가?

장하구나, 박봉한(朴鳳漢)의 의(義)를 구함이여! 사모님이 경황 중에 갈 곳을 알지 못하고 있을 즈음에, 이 사람이 의(義)를 나타내어 그 목숨을 구하였으니, 이는 자연의 이치 아님이 없는 것이다.[9] 입도(入道) 전에 먼저 그 의(義)를 나타냄이 이와 같았으니, 그 구함이 신유년(辛酉年, 1861년) 포덕(布德)[10] 이후로부터 더욱 선명해졌다. 어찌 찬미하지 않을 수 있으리오.

이때 김해성(金海成)과 유택진(劉澤鎭)이 입도하였다.

이해 5월 12일 세정(世貞)은 장(杖)을 맞아 죽었고, 김덕중(金德仲)·이일여(李逸餘)·최희경(崔喜慶)은 정배(定配)를 갔다가 3년 후에 풀려났다고 한다.

9월에 또 지목(指目)의 혐의가 있었다. 급한 일이로구나, 열손이 지목하는 바 빈번하구나! 옮겨다니기 급급함이여, 사방 향할 곳이 없었다.

것이라면, '其然'은 드러난 현상을 뜻함. 不然과 其然은 모든 만유의 表裏 같은 것이다.
9 자연의 이치란 곧 東學에서 말하는 조화. 무궁한 한울님의 섭리에 의해 이루어지는 것을 뜻함.
10 辛酉布德은 수운이 辛酉年부터 본격적으로 布德을 시작한 것을 일컫는 것. '不意布德之心 極念致誠之端 然卽彌留 更逢辛酉 時維六月 『東經大全』「修德文」).'

강수(姜洙)가 유인상(劉寅常)과 의논하여 말하기를,

"사가(師家)가 지목을 받는 것은 모두 도인(道人)들이 지목하는 것이니, 다른 곳은 정선(旌善)만 못한 즉 사모님을 이곳으로 옮겨 오시게 하려는데, 뜻이 어떻소?"

하니, 유인상(劉寅常)이 말하기를,

"사세(事勢)가 이와 같으니, 다만 빨리 옮기셔야 합니다."

하였다.

강수와 주인이 급하게 영월(寧越)로 가서 집식구들을 인솔하는데, 강수는 사모님과 아이들을 배행(陪行)하여 앞에 서고, 세청(世淸)과 주인은 뒤를 보살피며 갔다.

아아, 사모님의 신세가 어찌 이와 같이 가련하게 되었는가? 사모님의 정상(情狀)은 마음이 급하고 걸음은 군색하여, 돌아보면 자주 주저앉으며, 일어나 골짜기를 넘어서는 넘어지고, 언덕에 이르러 숨이 차고, 걸음걸이가 더디어 곁의 사람도 차마 볼 수가 없으니, 하물며 강수(姜洙)가 이를 보는 마음이 어떠하겠는가?

날은 이미 기울려 하고, 가기를 재촉하여 걷기를 권하지만, 짧은 치마와 부르튼 발로 억지로 길을 가니, 하늘을 부르며 크게 소리쳐 울며 말하기를,

"하늘이 진실로 알지 못하는가? 어찌하여 나로 하여금 이렇듯 곤경에 처하게 하는가?"

하고, 강수에게 울며 말하기를,

"은담(隱潭)¹¹이 어디에 있는고?"

하므로, 강수 말하기를,

"산과 물을 이러이렇게 따라서 갑니다."

하였다.

힘들게 이끌어, 유인상(劉寅常)의 집에 모시고 들어갔다. 정선(旌善)의 도인(道人)들이 정성과 힘을 지극하게 내서 미천(米川)에 안주하게 하였다. 사흘씩이나 걸려서 모두 거두어 거느리고 돌아왔다.

---

11 '隱潭'은 劉寅常의 집이 있는 霧隱潭里를 말함.

5. 태백산 적조암(寂照庵)에서의 기도

주인이 강수와 더불어 장차 산에 들어가 49일 기도를 드릴 계획을 세웠다.[1] 강수가 김해성(金海成), 유택진(劉澤鎭)[2]으로 하여금 갈래산(葛來山) 적조암(寂照庵)에 들어가게 하였다. 어느 한 노승(老僧)[3]이 있어 물어 말하기를,

"손님들께서는 어디에서부터 오시는 길입니까?"

하므로, 대답하기를,

"저희는 이곳 본읍(本邑)의 사람들입니다. 이번 겨울에 기도를 드릴 계획이 있어서 깊고 외진 곳을 찾아, 두루두루 돌아보며 찾아오고 있는 길입니다."

하였다. 노승(老僧)이 말하기를,

"이 산중에 혹 적당한 곳이 있는지요?"

---

1 해월이 太白山에서 49日 기도를 드린 때는 壬申年(1872)으로 추정된다. 이는 본 기록의 전후를 보아 알 수 있다. 그러나, 다른 기록에는 癸酉年(1873년)으로 되어 있다. "癸酉 10月 20日에 神師…率하사 齋糧하시고 太白山 葛來寺 寂照庵에 入하시니…(書)(會)(創)(侍)."
2 劉澤鎭 대신에 劉道源이라는 기록도 있다(海).
3 다른 기록에 이 노승을 哲秀子라고 지칭하고 있다(本)(創).

도원기서

하므로, 아니라고 대답하며,

"다른 곳을 돌아보고 이 암자에 도착했습니다."

하니, 스님이 말하기를,

"그러시면 점심은 드셨는지요?"

하였다. 점심을 들지 못했다고 하니, 즉시 감자를 조금 가져다 주었다.

강수가 말하기를,

"이 암자를 보건대 가히 적조(寂照)라 말할 수 있습니다. 저희가 조용하고 한적한 곳을 찾아 이 암자에 온 것입니다. 노승께서 금년 겨울을 같이 고생하며 지내실 뜻이 계신지요?"

하니, 노승이 오랫동안 조용히 있다가 말하기를,

"만약 오셔서 공부를 하게 되면 몇 사람이나 오게 되나요?"

하므로, 말하기를,

"다만 서너 사람에 불과합니다."

하였다. 스님이 말하기를,

"네 사람이라면 많다고 할 수는 있지만, 정녕 오시겠으면 기일을 정하시고 일단 돌아감이 어떻겠습니까?"

강수가 말하기를,

"10월 20일 이후에 꼭 오겠습니다. 노스님께서는 기일을 지켜서 기다리심이 어떠하겠습니까?"

하였다. 스님이 좋다고 승낙을 하였다. 그날로 돌아가 봉서암(鳳棲庵)을 둘러보고는, 다음 날 강수는 주인이 머물고 있는 박용걸(朴龍傑)의 집으로 가고, 두 사람은 본가(本家)로 돌아갔다.

주인과 강수가 유인상(劉寅常)의 집에 오니, 전성문(全聖文)은 주인이 산에 들어간다는 계획을 듣고는 간절하게 부탁을 하였다. 주인이 그 형세를 스스로 생각해 보고, 뜻이 혹 그러하여, 같이 고생할 것을 허락하였다. 전성문은 마음이 매우 기뻐, 식량을 주선하였다. 강수가 마련해야 할 식량은 유택진(劉澤鎭)이 부담을 하였다. 주인의 식량은 스스로 부담하되, 김해성(金海成)이 스스로 넉넉하게 식량을 마련하였다.

그날에 이르러 산에 들어가 도착하니, 주지 스님이 순흥(順興)에서 돌아온 지가 겨우 이틀밖에 되지 않았다. 밤이 되어 강수가 주지 스님에게 말하기를,

"세상 술업(術業)의 공부가 각각 그 베푸는 것이 있는 것입니다. 일이 이미 이에 이르러 같이 겨울을 보내는 고생을 하게 되었으니, 어찌해서 스님을 속이겠습니까? 승속(僧俗) 간에 도를 닦아 성취하는 것이 역시 한가지라, 우리가 공부하는 것은 다만 주문(呪文)으로써 하는 것입니다."

하였다.

스님이 말하기를,

"주문(呪文)은 어떤 주문입니까?"

하므로, 대답하기를,

"주지 스님은 전에 혹시 동학(東學)이라는 말씀을 들었습니까?"

하니, 그 스님이 한참 있다가 말하기를,

"전에 들은 적이 있습니다."

하므로, 말하기를,

"지금부터 주문 외우기를 시작하겠습니다. 주지 스님께서는 기탄하지 마십시오."

하였다.

주지 스님이 주문 외우는 소리를 듣고는 칭찬하는 말을 그치지 않고, 날로 오직 주문 읽기를 권하였다.

네 사람이 각기 앉을 곳을 정하여 손에는 염주(念珠)를 잡고, 의관을 정제하고 밤낮으로 수(數)를 정하여 읽으니, 거의 이삼만 독(讀)에 이르렀다. 마침내 49일을 끝마치고, 그 후 며칠 간은 부도(符圖)[4]를 익힐 즈음에, 주지 스님이 살펴보고 말하기를,

"이것이 곧 조화(造化)의 부도이군요."

하므로, 말하기를,

---

4 符圖는 곧 東學의 靈符를 말한다. 東學 修煉 중에 神秘體驗의 하나로 한울님으로부터 靈符를 받는 체험을 한다.

"주지 스님께서 어찌 이를 아십니까?"

하니, 스님이 말하기를,

"조화(造化)가 부도(符圖)에 있으니, 소승(小僧)이 비록 천견박식(賤見薄識)한 중이나, 이 부도를 보고 스스로 증험을 얻은 바가 있습니다. 생원님들께서는 삼가 보관하시고 누설하지 마십시오."

하였다.

우리는 이것을 듣고, 홀로 지각(知覺)이 있는 스님임을 짐작할 수 있었다.[5]

하루는 주지 스님이 말하기를,

"소승(小僧)은 본래 계룡산(鷄龍山)에 있던 중입니다. 초막(草幕)을 짓고 공부를 하는데, 꿈에 부처님이 오셔서 '너는 즉시 소백산(小白山)으로 가거라.'말씀하시고, 문득 보이지 않거늘, 소승이 잠에서 깨어난 후로 마음이 이상하여 거두어 가지고 소백산(小白山)으로 돌아왔습니다. 금년 4월에 이르니, 또 꿈에 가르침이 있어 태백산(太白山)으로 옮겨 왔습니다. 이곳에 오니 암자(庵子)가 비어 있고, 도량(道場)이 황폐하여, 감자씨를 몇 이랑 뿌리고, 나무 백 짐을 하여 겨울 지낼 재료로 삼았습니다. 전날 꿈에 어느 두 사람이 부처님 앞에 와서 뵙는데, 꿈속에서 익혀 보았기 때문에 완연히 눈 가운데 있습니다. 깨

---

5 劉寅常과 全聖文이 먼저 내려가고 해월과 강수가 며칠 더 머물렀다는 기록도 있다(本).

어나 스스로 헤아려보니, 반드시 공부하는 사람들이었습니다. 지금에 와서 생원님들을 뵈니, 완연히 꿈에 뵌 모습과 같습니다. 이것이 기이한 꿈이 아니겠습니까?"

하였다.

강수(姜洙)가 대답하여 말하기를,

"저 역시 산에 들어오던 날 밤에 꿈을 꾸었습니다. 선관(仙官)이 공중에서부터 와서 벽상(壁上)에 앉았고, 제가 선관(仙官)에게 절하고 뵈었습니다. 제가 지금 부처의 형상을 보니 역시 꿈 속의 일과 같습니다."

하니, 주인이 말하기를,

"나 역시 산에 들어오던 첫날에 꿈을 꾸었는데, 상서로운 봉황 여덟 마리가 하늘에서부터 내려와 차례로 앞에 앉거늘 내가 기이하게 여겨 세 마리를 싸니, 옆에 있던 사람이 각기 다섯 마리를 쌌습니다. 문득 공중에서부터 말하기를 '주인이 있는 봉황이다. 너는 마땅히 깊이 두도록 하라. 이후 주인을 만나거든 주도록 하라.' 했으니, 역시 상서로운 꿈이 아니겠습니까?"

하였다.

주지 스님이 듣고는 더욱 기이하게 여겼다.[6]

---

6 기도를 마친 날이 12월 5일이다. "十二月五日은 四十九日 祈禱를 終하는 日이다(會)." "기도

전성문(全成文)은 하루 먼저 가고, 주인과 강수는 은담(隱潭)을 향하여 갔다.

한 해가 저물 날이 얼마 남지 않았다.[7] 유인상의 집에서는 과세(過歲)하기가 어려워 영월로 가기로 하였다. 전성문은 그때 재당질녀의 집에 있었다. 강수와 주인이 같이 과세하였다.

를 마치고 해월이 '太白山工四十九 受我鳳八各主定 天宜峯上開花天 今日琢磨五絃琴 寂滅宮殿脫塵世'라는 詩를 짓다. 이는 內隻句로 後日 外隻句를 채울 사람이 있다고 한다(創)(侍)(書)."

7   이때 주지 스님이 해월 등에게 丹陽郡 兜率峯이 공부하기 좋다고 천거했다는 기록이 있다. "又曰 丹陽兜率峯이 幽靜하여 可히 居할 만하니…(會)."

6. 박씨 부인의 죽음

계유년(癸酉年, 1873년) 정월에 전성문이 주인에게 말하기를,

"피차 서로 객지인데, 주인과 강형(姜兄)이 결의를 맺어 서로 호형호제하는 것이, 뜻에 우러러 감탄하는 마음이 저에게도 있었습니다. 주인께서 넓게 생각하시고 두루 생각하시어, 이 비천한 사람도 같이 결의하신 중에 참여시켜 주실 수 있겠습니까?"

하므로, 주인이 이리저리 생각해 보고 말하기를,

"예로부터 신의(信義)의 단초가 있기가 어려운 것이오. 『시경(詩經)』에 말하기를 '처음에 있지 않음이 아니지만(靡不有初) 끝에 마지막 있기가 적다(鮮極有洛).'고 하였으니, 세상 천만 가지 일 중에서 가장 어려운 것이 믿을 신(信)자라. 그러나 그대의 마음씀을 보아 허락하여 베풀어 서로 공경하고 믿는 뜻으로 서로 (결의를) 맺는 것이 좋을 듯하오."

하였다. 이때 사가(師家)가 살아가는 것이 지극히 가난하고 궁색하여 농사 짓는 일은 콩대만 남은 남산(南山)의 콩과 같고, 아침 저녁 양식은 솥에 북쪽 마을의 곡식을 씻는 것과 같았다. 그때 진섭(振燮) 형제가 힘을 다해 자루와 주머니를 주선하여 자신들 스스로 짊어지

고, 연이어 지성껏 봉양을 하니, 이 사람의 정성스러운 효성은 이렇듯 급한 지경에 이르러 나타나는구나.

10월에 주인은 거처할 곳을 정하지 못하고 사방을 떠돌았다. 강수는 그때 단양에 있으면서 강연(講演) 등을 하며 살아가고 있었다.

12월 10일 주인이 유인상의 집에 있을 때, 사모님의 부음을 갑자기 듣게 되었다.[1] 주인이 애통함을 그치지 못하고, 즉시 가서 김계악(金啓岳)과 함께 시신을 수습하였다. 세청이 임종 시에 손가락을 끊어 구급하려 하였으나, 구급하지 못하고 돌아가시게 되었다. 온 가족이 애통해 하는 것을 다른 무슨 말로 다하리오. 장례를 모두 마친 후 주인은 각처의 도인들에게 부음을 알렸다.

다음해 갑술년(甲戌年, 1874년) 정월 주인이 단양에 이르자, 강수가 사모님 돌아가신 것을 듣고 애통해 마지않았다. 2월에 주인과 같이 사가(師家)에 가서 2월 19일에 장례를 치렀다.[2] 이때 상례(喪禮)에 참석한 사람은 홍순일(洪舜一)·전성문(全成文), 본읍 도인 접주(道人接主) 유인상(劉寅常)·진섭(振燮)·석현(錫玹)·봉한(鳳漢)·석범(錫範)·전두원(全斗元)·홍석도(洪錫道)·택진(澤鎭) 등이다.[3]

---

1 朴氏夫人이 돌아가신 날은 12월 9일이라고 한다. "師母任 已於初九日 棄世矣(海)."
2 이보다 앞서 해월이 寂照庵에 올라가 노승 哲秀子를 臨終하고 또 장례를 치러 주었다는 기록이 있다(本)(會).
3 박씨 부인이 還元한 때는 癸酉年 12월 9일인데, 다음해 2월 19일에 또 喪禮를 치렀다는 기

3월에 주인이 강수와 더불어 영월에 있었는데, 생각하지도 않은 중매가 있어서 안동 김씨(安東金氏)의 집에서 처(妻)를 취하게 되었다.[4]

4월에 단양 남면(南面)으로 돌아갔다. 이때 안동(安東) 사람인 권명하(權明夏)가 거처할 자금을 도와 주었다.[5]

10월에 강수는 스스로 강연의 업을 폐하고 주인의 집에 같이 기거하게 되었다.

12월 10일은 사모님이 환원하신 지 일 주기가 되는 날이다. 강수가 김용진(金龍鎭)으로 하여금 가서 제사에 참례하도록 하였다.

을해년(乙亥年, 1875년) 정월 22일, 세청이 장차 처가에 가려 하다가 병으로 장기서(張基瑞)의 집에 눕게 되었다. 이로 인하여 죽었다. 당시 전성문이 시신을 수습하였으니, 슬프고 슬프구나. 사가(師家)의 액운이여. 대상(大祥)이 다 지나지도 않아 형과 아우가 이어서 죽으니, 이것은 시절이 그런 것인가, 명(命)이 그런 것인가? 이 무슨 변고인가? 이것이 무슨 운(運)인가? 청상(靑孀)이 슬피 우는데, 하늘의

록이 있다. 땅이 얼어 장례를 못치르다가 해토가 되는 2월에 장례를 치룬 것이다. 또 이때 道接主를 정한 기록이 있다. "是時에 神師ㅣ 劉寅常으로 道接主를 定하시고…(會)."

4 "時師之夫人 孫氏遭亂離散 不知存亡 故三月娶安東金氏…(侍)."

5 이곳에서 해월이 여러 道人들과 함께 49日 기도를 드렸다는 기록이 있다. "時에 神師ㅣ 安東 金氏夫人을 聘하사 四月에 丹陽郡兜率峯下南面寺洞에 家產을 設하시고 洪舜一, 金龍鎭으로 더불어 四十九日 祈禱式을 行하시니 是時 主供者는 安東 權基夏더라(會)."

해가 눈물을 가린다. 세 발 가진 솥이 절반이 깨어져 나가니 서 있기가 어렵게 되고, 한 장막 안에 고아들이 있는 형상이구나. 슬픈 저 세 처자여, 이 한 청상(青孀)을 위로함이 어떻겠는가? 사가(師家)에 이러한 변고가 극에 달했으니 슬픈 일이로다.[6]

세월이 쉬이 지나, 사모님 종상(終喪)이 어느덧 지나가고, 장녀(長女)가 윤씨(尹氏) 집안으로 시집을 가고, 또 삼녀(三女)가 한씨(韓氏) 집안으로 시집을 갔다.[7]

병자년(丙子년, 1876년) 봄, 사모님과 세청의 무덤을 영춘(永春)으로 옮겼다. 이때 사위 등이 아울러 힘을 써서 옮겼다고 한다.

---

6 乙亥年 正月 24일에 해월이 率奉이라는 아들을 낳았다는 기록이 있다. "乙亥正月二十四日生 一子 名曰率奉 卽兜率峯 鐘氣之意也(海)."
7 수운의 딸이 모두 네 명으로 나온 기록이 있다. "長女嫁於尹門 次女亦嫁尹門 三女嫁于許門 四女嫁於韓門(海)."

7. 치제(致祭)와 교단(敎壇)의 정비

을해년(乙亥年, 1875년) 8월에 정선 도인들이 크게 정성을 모아 주인의 집에서 치제(致祭)를 하였다.[1] 그때 제사에 참례한 사람은 유인상(劉寅常)·전성문(全成文)·단양(丹陽) 사람 박규석(朴奎錫)·김영순(金永淳) 등이다. 앞서 행했던 상례(喪禮)에 의하여, 선생의 예(禮)에 황육(黃肉)을 준비하여 제사에 쓰려고 했다. 제사를 행할 때에 문득 주인에게 강화(降話)의 가르침[2]이 있어, 황육을 쓰지 못하게 하고, 즉시 고기를 치워 버리고 제사를 행하였다. 금번 비로소 새롭게 행한 제사는 전일에 주인이 동정(動靜)의 기운이 있어 허락한 것이다. 그런 까닭에 이러한 제사의 방법을 새롭게 제정했다고 한다.[3]

9월에 주인과 강수, 전성문이 함께 신녕(新寧)에 가서 잠시 하치욱

---

1 이보다 앞서 해월이 松皐洞으로 移居한 기록이 있다. "乙亥 2月에 神師 松皐洞에 移去하시니…(書)."
2 '降話之敎'란 신비체험의 하나로, 신비체험 중 한울님 말씀을 듣고, 대화를 나누는 것을 말한다.
3 이때 제사에 음식을 쓰지 않고 '淸水一器'만을 놓고 제사를 지냈으며, 해월이 설법을 했다는 기록이 있다. "余 過去 多年에 各種 飮食의 物로써 祈禱儀式의 準備를 行하였으나, 이는 아직 時代의 關係로부터 出한 所이니 日後는 一切 儀式에 但히 淸水 一器만 用하는 日이 有하리라. 入道의 初에는 定心되지 못하므로 因하여 만일 對象이 無하면 心이 撓撓 未定할지라. 故로 水로써 表準을 정하노라(書)." 이러한 기록은 (創)에도 있다.

(河致旭)을 방문하고, 곧 용담(龍潭) 가정리(稼亭里)에 가서 맹륜을 뵈었다. 맹륜이 손을 잡으며 물어 말하기를,

"이것이 이른바 죽은 사람을 다시 만난다는 것이구료. 이런 풍상(風霜) 중에서도 살아나 또 다시 보게 되니 어찌 옛날의 정을 잊을 수 있겠는가? 그러나 나의 종제(從弟) 식구들은 지금 어디에 있소?"

하였다. 주인이 말하기를,

"지금 정선(旌善)에 있습니다."

하니, 맹륜이 말하기를,

"갑자년(甲子年)⁴ 이후로부터 가산(家産)이 점점 쇠약해져서 가난과 배고픔을 면하지 못하고, 나이는 점점 많아져 머리칼이 모두 희어진 것만 한탄할 뿐이오. 비록 도(道)의 운이 멀지 않았음을 알지만, 가장 어려운 것은 가정 살림의 어려움입니다."

하고, 또 강수를 돌아보며 말하기를,

"그대의 큰댁 안부는 들은 바가 있소?"

하므로, 강수 말하기를,

"연전(年前)에 다행히 들었습니다."

하고, 이내 곧 작별을 고하니, 대답해 말하기를,

"마음이 비록 간절하나 어쩔 수 없이 전별(餞別)을 해야 하는군요.

---

4 수운이 斬刑 당한 해.

다행히 살아 생전에 만날 수 있을까요?"

이에 절하고 서로 작별을 하였다.

곧 경주(慶州) 부중(府中)에 도착하여 최경화(崔慶華)를 만나보니, 경화가 손을 잡고 처연히 눈물 흘리며 말하기를,

"오랜 풍상을 겪은 지금에야 비로소 종형(從兄)을 만나보게 되니 정말 꿈 속의 일만 같습니다."

하였다.

또 청하(淸河) 사람 이군강(李君綱), 이준덕(李俊德)을 만났다. 달성(達成)에 이르러 강수는 아들 위경(渭慶)을 만났다. 5년간이나 떨어져 있었던 부자(父子)가 서로 만나니, 자연의 이치가 아니겠는가? 또 아버지의 안부를 물을 수 있게 되니, 기쁨이 말로 다 형언할 수가 없었다. 다음 날 곧 단양(丹陽)으로 향하여 본가(本家)에 이르렀다.[5]

10월에 주인이 장차 설법(說法)을 할 계획이 있어, 강수로 하여금 통문(通文)을 정선에 보내도록 했다. 18일에 도주(道主)의 집에 모여서, 그날로 제사를 행하기도 하였다. 유인상과 전성문이 와서 갖추어 관복(冠服)을 지어 선도(仙道)의 방법으로 새롭게 (제례를) 만들었다.[6] 강수가 축문(祝文)을 짓고 한울님께 고하였다. 이때 제사에 참

---

[5] 이때 姜洙를 道의 次主人으로 삼았다는 기록이 있다. "九月에 神師ㅣ…丹陽郡으로 還次하사 姜洙로 次主人을 定하시다(會)."
[6] 이때 제정한 冠과 服에 관한 기록이 있다. "師自製法冠法服 創行設法祭 蓋倣道家衣制而稍變

석한 사람들에게 제관(祭官)을 나누어 정해 주었다.

  초헌(初獻) 도주인(道主人) 최경상(崔慶翔)

  아헌(亞獻) 도차주(道次主) 강수(姜洙)

  종헌(終獻) 전성문(全成文)

  대축(大祝) 유인상(劉寅常)

  집례(執禮) 박규석(朴奎錫)

  봉향(奉香) 김영순(金永淳)

  봉로(奉爐) 김용진(金龍鎭)[7]

그때 주인이 반포(頒布)하여 말하기를,

"나에게 12개의 시(時) 자와 또 활(活) 자가 있다. 먼저 세 사람에게 시(時)자로써 이름을 고쳐주고, 활(活)로써 자(字)를 고쳐주겠다.[8] 이 시(時)·활(活) 두 자는 명교(命敎)가 있는 것이니 공경하여 받도록 하

  者也 其冠服式樣如左 法冠四圍 三疊中蓋正圓 前後葉圓而稍㑨左石葉尖 而稍低色 或紫或黑 內貼綢而無定色 法服正斜 幅前五後四 袂身直徑一尺三寸 袂後方直 貼於前後 幅兩縫間 袂口 僅容覆手 法帶度二寸 圍二尺餘 結(a)於右腋下前垂二條 廣亦如之長 稱身色純黑(侍)."

7 『侍天敎歷史』와 비교해 보면 '金龍鎭'이 '金演局'의 다른 이름임을 알 수 있다.

8 時 字를 넣어 먼저 이름을 고친 사람은 崔慶翔(崔時亨), 姜洙(姜時元), 劉寅常(劉時憲) 등이다. (創)(東)(侍)(會)(書).

라."⁹
하였다.

  그때 정선 도중(道中)에서 거둔 돈이 이백여 금인데 백여 금은 두 번 순회하며 설법·제사를 지낼 때 떼어서 쓰고, 백금(百金)은 주인이 새로운 접(接)을 다스릴 때 보조하였다고 한다. 그 사람들(새로운 접의 사람들)은 신석현(辛錫玹)·최진섭(崔振燮)·홍석범(洪錫範)·홍석도(洪錫道)·전세우(全世祐)·김원중(金元中)·김해성(金海成)·유계노(劉桂老)·최기동(崔箕東)·전두원(全斗元)·김백인(金伯仁)·김문규(金文奎) 등이다.

  28일은 선생님의 탄신 제사일이다. 을해년(乙亥年) 세청이 죽은 후부터는 선생님의 기일(忌日)과 탄일(誕日) 두 때의 제사를 주인이 행하게 되었다.

  11월 13일 설법제(說法祭)를 정선 접주인 유인상의 집에서 행하였다. 그때 제관(祭官)을 나누어 정해 주었다.

  초헌(初獻) 도접주(道接主) 유인상(劉寅常)

---

9 이때 해월이 「用時用活」의 설법을 했다는 기록이 있다. "대저 道는 用時用活하는데 있나니 때와 짝하야 나아가지 못하면 이는 死物과 다름이 없으리라. 하물며 우리 道는 五萬年의 未來를 表準함에 있어 앞서 때를 짓고 때를 쓰지 아니하면 안될 것은 先師의 가르친 바라. 그럼으로 내 이 뜻을 後世萬代에 보이기 위하여 특별이 내 이름을 고쳐 盟誓코저 하노라(創)(東)(書)."

아헌(亞獻) 신석현(辛錫玹)

종헌(終獻) 홍석범(洪錫範)

집례(執禮) 최진섭(崔振燮)

대축(大祝) 신봉한(辛鳳漢)

집사(執事) 유택진(劉澤鎭)

집사(執事) 홍석도(洪錫道)

집사(執事) 전세우(全世祐)

집사(執事) 김원중(金元中)

병자년(丙子年, 1876년) 3월 10일에 선생님의 기제사(忌祭祀)를 행했다. 4월에 주인이 인제 접주 김계원(金啓元)의 집에서 설법제를 행하였다. 그때 제관을 나누어 정했다.

초헌(初獻) 접주인(接主人) 김계원(金啓元)

아헌(亞獻) 장춘보(張春甫)

종헌(終獻) 이은보(李殷甫)

집례(執禮) 김용진(金龍鎭)

대축(大祝) 김종여(金宗汝)

집사(執事) 김관호(金관浩)

봉향(奉香) 김경식(金卿植)

집사(執事) 이윤희(李允喜)

10월 28일에 선생님의 탄신 기제(忌祭)를 행하였다.

정축년(丁丑年, 1877년) 3월 10일 선생님의 기제(忌祭)를 행하였다. 10월 3일에 구성제(九星祭)를 행하였다. 의관을 갖추고, 인제 장춘보(張春甫), 김치운(金致雲)이 제물(祭物)을 변별(辨別)하여 준비하고, 강시원이 축문(祝文)을 지었다. 그때 제관을 나누어 정하였다.

초헌(初獻) 도포덕주(道布德主) 최시형(崔時亨)

도차주인(道次主人) 강시원(姜時元)·김시명(金時明)

아헌(亞獻) 정선접주(旌善接主) 유시헌(劉時憲)

청송접주(青松接主) 김경화(金敬和)

종헌(終獻) 장춘보(張春甫)·김치운(金致雲)·김용진(金龍鎭)

집례(執禮) 장인호(張隣鎬)

대축(大祝) 김영순(金永淳)·심시정(沈時貞)

집사(執事) 양치도(梁致道)

봉향(奉香) 전문여(全文汝)

10월 16일 구성제를 정선 유시헌의 집에서 행하였다. 관복을 갖추고 강시원이 축문(祝文)을 지었다. 제관을 나누어 정하였다.

초헌(初獻) 집주(接主) 유시헌(劉時憲)·신시영(辛時永)·홍시래(洪時來)

아헌(亞獻) 신시일(辛時一)·최시경(崔時敬)·방시학(房時學)

종헌(終獻) 계장(稧長) 안상묵(安尙默)·유택진(劉澤鎭)·김원중(金源中)

집례(執禮) 최창식(崔昌植)

대축(大祝) 홍석도(洪錫道)

집사(執事) 허찬(許燦)·최기동(崔箕東)·안교일(安敎一)·최익섭(崔益燮)·안교강(安敎康)·전두원(全斗元)·전석두(全錫斗)·전세인(全世仁)

봉작(奉爵) 김문규(金文奎)

존작(尊爵) 신용한(辛龍漢)

봉향(奉香) 유경식(劉慶植)

봉로(奉爐) 안교백(安敎伯)

제물유사(祭物有司) 유인형(劉寅亨)

찬인(讚引) 안교상(安敎常)

알자(謁者) 전세필(全世弼)

봉촉(奉燭) 최창익(崔昌翼)

진설(陣設) 윤종현(尹宗賢)

세작(洗爵) 노정식(盧貞植)

이날 주인이 강시원과 서로 의논하여 말하기를,

"구성(九星)이라는 것은 구주(九州)에 응(應)하는 이치이다.[10] 그러므로 이 구성의 이치로써 구성제(九星祭)를 처음 만든 것이니, 이에 그 일신(一身)이 응함에 천도(天道)와 지리(地理)가 서로 합하는 이치이다. 즉 사람이 그 사이에 있으므로 역시 삼재(三才)의 이치이니, 사람에 이르러 하늘의 이치가 응하지 아니하겠는가? 구성의 이치를 비록 상세하게 말할 수는 없으나, 대략 아는 바로써 아홉 별에 응하는 이치이니, 이것이 구성의 계(禊)를 이룬 것이다. 무릇 우리 제군들은 지금 이후부터 삼가 두 절기(節期)의 선생님 제사를 따라야 한다." 하였다.

그날로 계안(禊案)을 다듬어 만들고, 일후(日後)의 고신(考信)의 의(義)로써 신적(信跡)을 성출(成出)하여 차례로 오른쪽에 기록을 했다.

계장(禊長) 안상묵(安尙默)

김응규(金應奎) 유시헌(劉時憲) 신시영(辛時永) 방시학(房時學) 신시일(辛時一) 최창식(崔昌植) 유택진(劉澤鎭) 최창익(崔昌翼) 김석두(金錫斗) 홍시래(洪時來) 최기동(崔箕東) 홍석도(洪錫道) 안교강(安敎康) 김원중(金源中) 안교

---

10 '九星'은 『落書』의 數에 따른 아홉 개의 별로서, 천체의 중추를 이룬다. '九州'는 옛 중국의 禹가 전국을 아홉 개의 州로 나누었다는 행정구역으로 轉하여 중국 全土를 말한다. 『東經大全』에 "夫天道者 如無形而有迹 地理者 如廣大而有方者也 故天有九星 以應九州…." 등의 구절이 있다.

일(安敎一) 윤종현(尹宗賢) 안교백(安敎伯) 안교상(安敎常) 홍상의(洪尙義) 신용한(辛龍漢) 안교홍(安敎興) 홍봉의(洪鳳儀) 홍황의(洪凰儀) 안교룡(安敎龍) 이득룡(李得龍) 최진섭(崔振燮) 유인형(劉寅亨) 유경식(劉慶植) 허찬(許燦) 전두원(全斗元) 최응섭(崔應燮) 최익섭(崔益燮) 전세숙(全世淑) 전세필(全世弼) 전세인(全世仁) 박영근(朴永根) 노정식(盧貞植) 최재구(崔在九)

10월 28일에 선생 탄신제(誕辰祭)를 행하였다.

8. 개접(開接)과 도적(道蹟)의 간행

무인년(戊寅年, 1875년) 3월 10일 선생의 기제(忌祭)를 행하였다.

7월 25일 발문(發文)을 하여, 유시헌의 집에서 개접(開接)을 하였다. 우리 도(道)의 개접(開接)이라는 것은 무엇을 말하는 것인가? 선생님이 계실 때에 파접(罷接)의 이치가 있었고, 그런 까닭에 지금에 와서 개접을 하는 것이다. 이는 문사(文士)의 개접이 아니다. 천지(天地)의 이치는 음(陰)과 양(陽)이 서로 합하여 일월(日月)과 밤낮의 나뉨이 있고, 또 열두 때가 있어, 이로써 원형이정(元亨利貞)의 수(數)가 정해지는 것이다. 원(元)은 봄이 되고, 형(亨)은 여름이 되고, 이(利)는 가을이 되고, 정(貞)은 겨울이 된다. 네 계절이 성(盛)하고 쇠(衰)하여, 도수(度數)[1]의 순환(循環)하는 것이 비로소 자(子)의 방(方)에서 하늘이 열리고, 축(丑)에 이르러 땅이 열리니, 이가 곧 천지(天地)의 떳떳한 이치가 되는 것이다. (천지에) 응(應)하는 것으로 접(接)하게 되고, 접(接)하는 것으로 응(應)하게 되어, 그 가운데에서 오행(五行)이 나오게 되는 것이요, 사람은 바로 삼재(三才: 天·地·人)의 기운에서 화(化)

---

[1] 宇宙가 거듭하는 회수. 즉 盛衰에 의하여 순환하는 것을 뜻함.

하여 생겨 나오는 것이다. 그런 까닭에 개벽(開闢)의 이치가 날로 자(子)와 축(丑)에서 나와 비롯되는 것이다. 선생께서 하늘로부터 도(道)를 받았기 때문에 행하는 것도 하늘로부터 하였고, 닦는 것[修]도 하늘로부터 하였던 것이다. 이러하기 때문에 하늘에서 개(開)하고 하늘에서 접(接)하는 것이니, 하늘에서 운(運)을 받고 하늘에서 명(命)을 받는다는 개접(開接)의 이치를 이루는 것이다. 어찌 마땅한 것이 아니겠는가?"

하였다.

그때에 사람들은 신시영(辛時永)·유시헌(劉時憲)·방시학(房時學)·최시경(崔時敬)·신시일(辛時一)·홍시래(洪時來)·최익섭(崔益燮)·최기동(崔箕東)·홍석도(洪錫道)·계장(禊長) 안상묵(安尙默)·김원중(金源中), 안교강(安敎康)·김두원(金斗元)·윤종현(尹宗賢) 등이었다.

강시원(姜時元)이 좌우에 일컬어 말하기를,

"오늘 무담(霧潭)에서 노는 것은 오직 용산(龍山)에서 아홉날 동안 마시는 것과 다르고, 역시 적벽(赤壁)에서 7월에 노는 것²보다 뛰어나다. 그러나 주인의 즐거움은 역시 무릇 노는 즐거움과는 다르니, 그 마음의 즐거움을 여러 어진 분들이 혹 아는지 모르는지, 오늘 개

---

2 赤壁의 7월이란 蘇東坡가 赤壁江에서 뱃놀이하며 지은 「赤壁賦」에 나오는 말임. '壬戌之秋 七月旣望'을 말한다.

접(開接)을 하는 즐거움은 그 이치가 멀리에 있는 것이다. 그것은 선생님의 파접(罷接)으로 인하여 다시 용담(龍潭)의 즐거움을 일으키고, 구미산(龜尾山)에서 놀던 운(運)을 여는 것이다. 이것이 어찌 뛰어난 높이 아니겠는가?"³
하였다.

10월 28일에 선생의 탄신제(誕辰祭)를 행하였다. 이때에 주인은 옹색한 길에 들어 마침내 거처할 집도 없어, 선생의 제사를 정선접주의 집으로 옮겨서 행하였다.

기묘년(己卯年, 1879년) 2월, 주인과 강시원이 마침 고향에 다니러 가는데, 뜻이 정선(旌善)에 미치지 못하고 또 선생의 제삿날에 참여하지 못할 것 같아, 청송(青松)으로 돌아올 때에 제사에 참여하리라 하고 곧 떠나서 경주에 이르렀다. 두루 각처의 여러 사람들 소식을 듣고, 강시원이 또 큰집(師家)의 안부를 들을 수 있어 기쁘기 천만다행이었다.

청송(青松)에 돌아오니 선생의 휘일(諱日)⁴이 겨우 두 밤뿐이 남지 않았다. 그때에 조시철(趙時哲)이 나가고 없는 까닭에 심시정(沈時貞)

---

3 開接 후 "神師 | 臨時로 呪文三度를 制하야 各地門徒에게 頒布하시다(會)."라는 기록이 있다. 또 "博約精一"의 義를 講道했다는 기록도 있다. "諸君은 侍字의 뜻을 아는가. 사람이 胞胎될 때에 곧 侍字의 義가 成立되는가 落地以後에 처음으로 侍天主가 되는가…(創)." 그 외에 "向我之設" 등의 說法, "呪文 十三字"에 관한 說法을 했다는 기록도 있다(書).
4 제삿날의 다른 말.

을 청하여 보고 일러 말하기를,

"지금 선생님의 제사를 어떻게 하겠는가? 약간의 제물(祭物)을 준비하여 왔다. 그대의 집에서 제물을 설치할 수 있는지 듣고 싶소."

하니, 시정(時貞)이 대답하여 말하기를,

"이곳은 조용한 곳이 없어 그 뜻을 따르기가 어렵습니다."

하므로, 두 사람이 듣고는 실로 낭패하는 빛이었다.

7월에 이르러 비가 크게 내렸고, 또 물이 크게 넘쳤다. 생각을 하매 어찌할 수가 없어 다음 날 드디어 행장을 지고 길을 따라 물을 건너는데, 혹 옷을 벗고 건너기도 하고 혹 진흙에 빠지며 가기도 하여 90리 길을 갔다.

다음 날이 곧 선생의 제삿날이나, 전혀 어떻게 할 묘책이 없었다. 그 집은 주인의 사위되는 사람의 집이었다. 거짓으로 돌아가신 아버님의 생신이라고 말하고 마침내 여러 음식을 갖추어 제사를 행하였다. 그때의 통분한 마음이야 어찌 슬프고 슬프지 아니 하겠는가? 다음 날이 지나 본가(本家)에 도착하였다.

3월 26일 주인은 장차 영서(嶺西)로 가고자 하여 강시원(姜時元), 김용진(金龍鎭)과 함께 길을 떠났다. 윤삼월(潤三月) 초하룻날 영월[5] 노

---

[5] 寧越의 巨石里(創)(書)(侍). 또는 巨岩里(會)로 나옴.

정식(盧貞植)⁶의 집에 이르렀다.

그날 밤 삼경(三更)에 주인이 비몽사몽(非夢似夢) 간에 선생을 뵙고, 손을 모아 절하여 뵈올 때에 선생의 복색(服色)을 보니, 머리에는 검은 관[黑冠]을 쓰고, 몸에는 푸른 옷[靑衣]를 입었으며, 동자(童子) 네댓 사람이 벌려 서서 모시고 있었으며, 백발 노인이 무릎을 꿇고 앉아 삼층대(三層臺)를 설치하고 있었다. 선생은 높이 상대(上臺)에 앉았고, 선생이 앉은 뒤로는 학발(鶴髮)의 노승(老僧)이 지팡이를 짚고 공손히 서 있었다. 선생이 경오(敬悟)⁷를 불러 말하기를,

"너, 이리 오너라."

하였다.

주인이 즉시 대답하고 대(臺)에 오를 때에 어느 도인(道人)들이 있어, 10여 인에 이르렀다. 부름에 따라 대(臺)에 오를 때에 강시원, 유시헌으로 하여금 같이 서서 공손히 절하게 하였다. 선생이 세 사람의 의복이 남루함을 보고, 저 사람(옆의 사람)을 돌아보며 말하기를

"의식(衣食)의 분(分)은 각기 그 정함에 있으나, 이 세 사람의 의복은 이와 같이 남루하고, 그대의 옷은 이와 같이 넉넉한가? 이에 이르러 무리[黨]을 사랑하는 나머지 어찌 서로 구하는 도리[有無相求之道]

---

6 盧貞植이 盧貞根으로 되어 있는 기록도 있다(創)(會)(書).
7 敬悟는 해월의 字이다.

가 없겠는가?"

그 사람이 머리를 숙이고 대답하지 못하고, 부끄러운 빛이 얼굴에 가득하였다. 이와 같을 때에 선생이 잠시 일어나 걸음을 옮기는데 주인이 머리를 들어 선생의 의대(衣帶)를 올려본즉 삼색(三色)으로 끝을 매어 대(帶)를 이루었다. 주인이 말하기를,

"선생님의 복대(腹帶)가 어찌하여 삼단(三端)으로 되었습니까?"
하니, 대답하기를,

"창졸간의 일이라 이렇게 되었다."

주인이 띠를 풀어 위로 바치니, 선생이 말하기를
"이것이 가히 좋구나."

하며 삼단(三端)의 대(帶)를 둘러 허리에 찼다. 주인이 받으시라고 말한즉 말하기를,

"아직 두도록 하라."

하고, 좌우를 돌아보며 말하기를,

"어떤 별[星]은 이와 같고, 어떤 조화(造化)는 이와 같으며, 또 어떤 별은 이와 같고 어떤 사람과 더불어 어떤 조화로써 이와 같고, 또 모년(某年) 모조화(某造化)로써 모인(某人)에게 주면 이와 같다."
고 하였다.

세 사람으로 특별히 상재(上才)를 제수(除授)하고 어떤 다섯 사람으로 모년(某年) 모월(某月)에 이리이리 하라고 말하였다. 이 외의 20여

인에게는 일후(日後)에 차차 정하여 준다고 하였다.

선생이 일어나 서서 대(臺) 아래로 내려가니, 네 개의 대문(大門)이 있고, 상대(上臺)에는 20여 인이 있고, 중대(中臺)에는 백여 인, 하대(下臺)에는 몇 사람인지 알 수가 없었다. 선생이 옮겨 북문(北門)에 서서 '천문개탁자방문(天門開坼子方門)' 일곱 자를 북문(北門)에 썼다. 세 번 입으로 외우고, 세 번 손으로 북문을 치니, 그 소리가 우뢰와 같았다. 주인이 말하기를,

"저희들도 역시 북문을 칠까요?"

하니, 선생이 대답하기를,

"후일에 반드시 칠 일이 있을 것이다."

말하였다. 최시형(海月 崔時亨)을 북문에 제수(除授)하고, 강시원을 남문에 제수하고, 유시헌을 동문에 제수하고, 또 한 사람을 서문에 제수하였다. 선생이 즉시 일어나려 하는데, 주인이 물어 말하기를,

"선생님께서 어찌 이리도 서두르십니까?"

하니, 선생이 대답하기를,

"내가 바쁜 일이 있다. 상제(上帝)와 더불어 논의할 일이 있는데 다 하지 못하고 왔기 때문에 급히 가려고 한다."

하였다.

이때 어떤 사람이 있어, 밖으로부터 급하게 들어오는데 윗옷을 벗고 선생을 뵙거늘, 주인이 그 사람을 책망하여 말하기를,

"존귀한 분 앞에서 어찌 가슴을 드러내고 어른을 뵙는고?"

하니, 선생이 용서하여 말하기를,

"그대는 꾸짖지 말라."

하였다. 또 물으니 대답하기를,

"이 사람의 성(姓)은 모(某)이다."

하였다.

선생이 한(寒)·온(溫)·포(飽) 석 자를 써서 주며 말하기를,

"추우면 온(溫) 자로써 쓰고, 배가 고프면 포(飽) 자로써 쓰고, 더우면 한(寒) 자로써 쓰라."

하였다.

이때 인제(麟蹄) 도인(道人)이 장차 크게 치제(致祭)를 운영하고자 하니 주인과 강시원, 김용진(金龍鎭)이 김치운(金致雲)의 집에 가서 제사를 정하여 행하였다. 참례자들이 진실로 정성이 있었다고 말하였다. 별도로 집사(執事)를 나누어 정하였다.

초헌(初獻) 김계원(金啓元)	아헌(亞獻) 장춘보(張春甫)
종헌(終獻) 김치운(金致雲)	집례(執禮) 이윤희(李允喜)
대축(大祝) 김용진(金龍鎭)	집사(執事) 장희용(張喜用)
봉향(奉香) 이은보(李殷甫)	봉로(奉爐) 김관호(金館浩)
찬인(讚引) 김경식(金卿植)	봉촉(奉燭) 김종여(金宗汝)

등이었다.

4월에 정선에 돌아오니, 주인이 강시원에게 일컬어 말하기를,

"지난번에 선생님의 몽교(夢敎)가 있었는데, 이 역시 일찍이 들었던 가르침이다. 내가 뜻을 갖고자 했으나 이루지 못한 것이 오래이다. 지금 이에 장차 인등(引燈)의 설법을 하고자 하는데 그대의 뜻은 어떠한가?"

하니, 강시원(姜時元)이 대답하여 말하기를,

"도(道)의 진실된 근원이 실로 형에게 있는데, 제사를 베풀고 베풀지 아니함을 어찌 저에게 묻습니까?"

하니, 주인이 대답하기를,

"인등(引燈)의 절차를 오직 이런 까닭으로 베풀지 아니하려 했는데, 지금 때의 일을 보면, 마침내 급한 단초(端初)가 있어 먼저 소인등(小引燈)을 시험 삼아 행하고자 한다."

하고, 즉시 유시헌의 집에서 인등제(引燈祭)를 행하였다. 또 홍시래(洪時來)의 집에서도 행하고, 최시경(崔時敬)의 집에서도 행하였다.

7월 15일에 이르러 정선 도중에서 지극히 정성을 내어 선생의 선령(仙靈)을 위로하고자 하여, 관건(冠巾)을 갖추고 의복(衣服)을 마름질하여 축원(祝願)으로써 제사하고, 모앙(慕仰)으로써 불태우니,[8] 모두

---

8 이때 불태운 것이 수운의 冠服이라는 기록이 있다. "七月望日 與姜時元 黃在民 往劉時憲家

스승을 위하는 의(義) 아님이 없고 제자의 예(禮) 아님이 없었다.

장하고 아름답구나, 정선 도인(旌善道人)이여. 신미년(辛未年) 이래로부터 오늘에 이르기까지 시작함과 끝맺음이 있지 아니함이 없으니, 즉 선생의 도를 닦은 자 어찌 성덕(聖德)의 운(運)을 받지 아니하겠는가?[9]

10월 초이레, 주인의 재종제(再從弟) 최경화(崔慶華)가 인등(引燈)의 일로써 물건을 갖추고 대신하여 축원(祝願)을 하니, 이런 까닭에 마침내 인등제를 행하였다. 이때 인등에 참여한 사람은 김필남(金弼南)·박언순(朴彦淳)·정기중(鄭基仲)·김영순(金永淳)·김용진(金龍鎭)·황재민(黃在民)·권성옥(權成玉)·정상중(鄭尙仲)·김재문(金載文)이었다.

10월 16일 인등제(引燈祭)를 청송(靑松) 조시철(趙時哲)의 집에서 행하였다. 그때 사람은 심시정(沈時貞)·장인호(張隣鎬)·조영규(趙暎奎) 등이었다.

10월 28일 선생 탄신 제사를 홍석범(洪錫範)의 집에서 행하였다.[10]

11월 5일 인등제를 방시학(房時學)의 집에서 행하고, 12일에는 홍

大先生 具冠服致祭 設行後燒火(海)."
9 이때 해월이 경주를 방문했다는 기록이 있다. "神師向慶州 全龍鎭從之(本)."
10 "十月十二日 神師行引燈祭於洪錫範家(本)."

석범(洪錫範)의 집에서 인등제를 행하였다.[11]

초하루부터 선생 수단소(修單所)[12]를 방시학(房時學)의 집에 정하였다. 그때에 수단유사(修單有司)를 나누어 정하였다.

도포덕주(道布德主)	최시형(崔時亨)
도차주(道次主)	강시원(姜時元)
도접주(道接主)	유시헌(劉時憲)
수정유사(修正有司)	신시영(辛時永)
교정유사(校正有司)	신시일(辛時一)
도소주인(都所主人)	방시학(房時學)
감유사(監有司)	최기동(崔箕東), 안교일(安敎一)
서유사(書有司)	안교상(安敎常)
지유사(紙有司)	김원중(金源中)
접유사(接有司)	윤종현(尹宗賢)
수유사(收有司)	홍시래(洪時來), 최창식(崔昌植)

---

11 引燈祭를 행하는 法儀에 관하여, 다음과 같은 기록이 있다. "祭官初獻至終獻執禮 以下敎人 一同入場 - 道主以下一切 府首心告 - 執禮陳設禮幣禮需 - 誦聖呪文四十九回 - 大讀朗讀祈禱文 - 道主奉球燈 進于天坩上祝願 - 獻官奉禮弊 獻天坩四拜 敎人一同幷四拜 - 執禮誦聖呪文 四十九回 - 執禮向天坩 告參拜人名數 - 敎人一同禮畢心告(侍)."

12 '修單所'란 道의 근원과 道蹟을 편찬하기 위해서 설립한 곳. 본 책인 『도원기서』를 발간하기 위해 만든 것임.

책자유사(册字有司)　신윤한(辛潤漢), 안교백(安敎伯)

윤통유사(輪通有司)　홍석도(洪錫道), 안교강(安敎康)

먼젓번 선생이 항시 시형(崔時亨)에게 말하기를,

"이 도(道)의 운(運)은 길이[永] 북방(北方)에 있다. 남북의 접(接)을 택하여 정하여라."

하고, 후일에 말하기를,

"나는 반드시 북접(北接)을 위하여 가리라."

라고 했다.

선생이 또 하신 말씀이 있으니,

"이 도의 운이 이와 같으니 옹치(雍齒)[13]의 격이 된다."

고 하였다고 한다.

글에서 말하기를,

"삼칠자를 그려내니 세상 악마가 모두 항복한다.(圖來三七字降盡世間魔)"

고 하였다.[14]

경진년(庚辰年, 1880년) 3월 초열흘에 선생의 기제(忌祭)를 주인의 집

---

13 미원하던 '雍齒'를 高祖가 제후로 먼저 봉하므로 다른 사람들로부터 신망을 얻었다는 고사.
14 이 말을 한 때가 11월 12일이다. "十一月十二日 神師ㅣ…十 字를 書하시었나니 吾輩가 師訓을 銘佩함이 可하다 하시다(會)(書)."

에 옮겨 행하였다.

정월에 인제접중(麟蹄接中)에서 장차 인등제(引燈祭)를 베풀고자 하여, 주인과 강시원과 전시황(全時晄)이 함께 그곳으로 갔다. 24일에 김정호(金錠浩)가 인등제를 행하였고, 28일에 김현덕(金顯德)이 또 인등제를 행하였다. 2월 초닷새에 김진해(金鑛海)가 별도로 인등제를 행하였고, 4월 초닷새에 제사를 각 접(接)에서 행하였다.

5월 9일 각판소(刻板所)를 설치하였고, 11일에 개간(開刊)하기 시작하여 6월 14일에 이르러 인출(印出)하기를 마쳤다. 15일에 별도로 제사를 베풀었으니, 그때 공을 별록(別錄)에 표하여 글로 기록하였다.

아아, 선생의 문집(文集) 침재(鋟梓)를 경영한 지 한 해가 지나 이미 오래구나! 지금 경진년(庚辰年)에 나와 강시원(姜時元), 전시황(全時晄) 및 여러 사람들이 장차 간판(刊板)을 경영하려고 발론(發論)을 하니, 각 접중(接中)이 다행히도 나의 의론과 같아 각소(刻所)를 인제 갑둔리(甲遁里)에 정하게 되었다. 준공하는 일이 뜻과 같아 비로소 편(篇)을 이루니, 이로써 선생님의 도덕을 밝히게 되었다. 이 어찌 기쁘고 기쁜 일이 아니겠는가? 각 접중에서 정성스러운 힘과 비용으로 쓸 재물을 낸 사람은 특별히 별록(別錄)에 그 공을 논하여 차례로 기록하여 쓴다.

경진년(庚辰年) 중하(仲夏)

도주(道主) 최시형(崔時亨)이 삼가 기록하노라.[15]

상주(尙主) 윤하성(尹夏成) 40금 책본당(冊本當)

정선접중(旌善接中) 35민(緡)

인제접중(麟蹄接中) 130금(金)

청송접중(靑松接中) 6민(緡)

각판(刻板)할 때에 유사(有司)를 정해 주었다.

도청(都廳) 최시형(崔時亨)	감역(監役) 강시원(姜時元)
감역(監役) 전시황(全時晄)	교정(校正) 심시정(沈時貞)
교정(校正) 전시봉(全時奉)	교정(校正) 유시헌(劉時憲)
직일(直日) 장도형(張道亨)	직일(直日) 김문수(金文洙)
직일(直日) 장병규(張炳奎)	직일(直日) 이진경(李晉慶)
접유사(接有司) 김정호(金錠浩)	접유사(接有司) 신시영(辛時永)
접유사(接有司) 황맹기(黃孟基)	접유사(接有司) 조시철(趙時哲)

15 이때 간행한 『東經大全』이 1백부였다는 기록이 있다. "刊出大全百餘卷 頒布各處(海)."
이때 간행한 문집이 『東經大全』이다. "五月九日에 神師ㅣ 東經大全刊行所를 麟蹄郡甲遁里
金顯洙家에 設하야 六月十四日에 畢하고 同十五日에 致誠祭를 行하시다(會)(創)(侍)(書)."

수유사(收有司) 홍시래(洪時來)   수유사(收有司) 신시일(辛時一)

수유사(收有司) 김진해(金鎭海)   수유사(收有司) 이정봉(李廷鳳)

치판(治板) 김관호(金館浩)   침자(침자) 심원우(沈遠友)

침자(침자) 최석하(崔錫夏)   침자(침자) 전윤권(全允權)

운량(運糧) 장흥길(張興吉)   운량(運糧) 김인상(金寅相)

운량(運糧) 김효흥(金孝興)   운량(運糧) 이천길(李千吉)

서유사(書有司) 전세인(全世人)   공궤(供饋) 이귀록(李貴祿)

공궤(供饋) 강기영(姜基永)

후서(後序) 1

　광서(光緒) 5년 기묘년(己卯年, 1879년) 겨울 11월 초열흘 기묘(己卯)에 강시원(姜時元)은 대략 졸문(拙文)으로 오래된 일들을 얽어매고, 이로써 글을 나타내니 감히 규정(規定)을 지키지 못하고 또 능히 다듬고 바르게 하지 못할 것을 두려워합니다.
　아아, 시원(時元)이 선생님[丈席]으로부터 배움을 시작한 지가 이제 18년이 되었습니다. 사문(師門)에서 배움을 받아 이 세상에 펴는 것이 선생님의 도(道) 아님이 없고, 여러 현인들로부터 닦고 시원(時元)을 배우게 한 것이 또한 선생님의 덕(德) 아님이 없습니다.
　아아, 선생님의 풍모는 산고수장(山高水長)[1]하시니, 누가 말했던가, 높되 산야(山野)에 바람이 화(和)하다고. 누가 말했던가, 길되 천계(川溪)에 바람이 순(順)하다고. 선생님의 도(道)됨을 비유하면 석벽(石壁)을 뚫는 것과 같고, 밭이랑에 물을 대는 것과 같습니다. 선생님의 덕(德)됨은 벼랑의 첩첩함을 넘어 집을 윤택하게 하고, 광란(狂瀾)을 돌아 멀리 이어지고, 은혜가 이에 미쳐서 그 은택(恩澤)이 흐르니, 아

1　山高水長은 山林處士의 風貌.

아, 갑자년(甲子年, 1864년)에서 신미년(辛未年, 1871년)에 이르기까지 화(禍)가 끊이지 않고 저들의 해(害)를 만난 지 10년입니다.

단양(丹陽)의 남쪽에서 겨우 성명(姓名)을 보존하고 사가(師家)를 도와 오더니 문득 참혹한 지경²을 당한지라, 선생님 성덕(聖德)의 가경(家慶)이 도리어 계승의 불운이 되었으니, 시원(時元)의 애극(哀極)한 통한이 마침내 한 주먹의 흙에도 미치지 못하였습니다.

그러나 내가 단양(丹陽)을 떠나 도솔산(兜率山) 아래 숨어 산 것은 신리(新里)의 장록(張祿)³과 같이 거짓 미쳐서 머슴이 되고, 혹 풀을 베고 혹 고기를 잡으며, 초당(草堂)에서 헛되이 잠을 자며 허송세월(虛送歲月)을 한 것은 도리어 남양(南陽) 땅에서 궁벽하게 농사를 짓던 제갈량과 같은 생각이었습니다.

세월은 흐르는 물과 같이 빨라서 기묘년(己卯年, 1879년) 가을에 이르러 나와 주인이 선생님의 도원(道源)을 잇고자 하는 뜻이 있어, 이에 선생님의 일과 자취를 수단(修單)한 즉 두미(頭尾)가 착잡(錯雜)하고 전후(前後)가 문란하여, 쓰되 능히 붓을 범하지 못하여 혹 잘못할 단초가 있을까 두려웠습니다. 먼 것을 궁구(窮究)하여 잇고자 하였으나, 이치가 기연(其然)에 가깝지 아니하고, 근원을 탐색하여 근본됨

---

2 辛未年 李弼濟의 亂에 연루되어 관으로부터 指目을 받은 것.
3 張祿은 중국 전국시대 사람. 본래 이름은 范睢인데 장록으로 변성명하여 숨었다.

을 캐고자 하였으나 불연(不然)에 같이하지 못했습니다. 이에 기연(其然)을 알아 기록하고자 하였으나 그 본체를 알지 못하고, 불연(不然)을 믿고 쓰고자 하였으나 또 그 끝을 살피지 못하였습니다. 도(道)로써 이를 말하려 했으나 이치가 묘연(杳然)하여 측량할 수 없고, 덕(德)으로써 이를 논(論)하려 하였으나 실로 빛에 밝음이 있었습니다.

봄과 가을이 서로 바뀌고 사시(四時)가 성쇠(盛衰)함에 그 편(篇)을 기록하여 붙이는 것이 역시 선생님의 편중(篇中)에 도움이 되고 찬연하여 후학(後學)이 한가지로 오는 바에 다시 흥하게 하려는 것입니다. 도를 밝히고 덕을 펴는 것이 진실로 나에게 있는 것이 아니요, 명(命)을 받고 정성을 닦으나 내가 이를 바를 알지 못함이요, 공경함을 우러르고 외경(畏敬)됨을 사모하는 것이 역시 내가 하고자 하는 바가 아닙니다. 그러므로 마음의 얻고 잃음에 누가 나의 수심정기(守心正氣)의 뜻을 살피겠습니까? 나의 득실(得失)을 살핀 즉 옳은 것을 잃어 버리고 그른 것을 얻는 것은 마침내 깨달음을 얻지 못할 것입니다. 내가 이런 까닭에 오늘 수찬(修撰)하여 기록하는 것은 감히 칭찬을 듣고자 하는 것이 아니요, 시원(時元)의 박식천견(薄識淺見)이 또 능히 본말시종(本末始終)의 근본을 가지런하게 못했으니, 더욱 이것이 그 마음을 불안하게 하는 것입니다.

연원(淵源)에 근본을 두고 그 뿌리에서 발(發)하였으니, 즉 근원은 스스로 근원이요, 뿌리는 스스로 뿌리가 됩니다. 선생님의 연원(淵

源)을 살핀즉 이 세상에 풍화(風化)된 것이 밝게 담겨져서, 가르치던 바는 하늘에서 받아 동(東)에서 배우신 것인즉, 동(東)에서 받은 것[受]이요, 하늘에서부터 배우신 것입니다. 하늘에서부터 배워 몸에 화(化)한 것이니 이는 자연한 이치가 아님이 없습니다. 또한 무위(無爲)로 화(化)한 것입니다. 내가 지금 이래로 간절히 원하면서도 마침내 종전의 허물을 뉘우치지 않는 것이니, 시원(時元)이 홀로 선생님께 부끄럽지 않겠습니까?

아아, 선생님의 도(道)여! 덕(德)이여! 물은 넓고 넓으며 구름은 담담(淡淡)하도다. 물은 한가지로 같이 흐르고 구름은 같이 맑으니 길고 긴 그 하나의 빛깔을 내 어찌 감히 다시 쓰겠습니까?

진주후인(晉州后人) 강시원(姜時元)이 삼가 편좌(篇左)에 서(序)를 씁니다.

후서(後序) 2

　아아, 내가 선생님[丈席]의 직접 가르침을 듣지 못하고 또 선생님의 모습을 뵙지 못하였으나, 오늘 선생님의 풍화(風化)를 듣고 선생님의 도의 연원을 뵈오니, 내 스스로 먼 것을 따르고 옛 것을 느끼는 마음이 되어 스스로 부끄러워 탄식함을 알지 못하였습니다. 도(道)는 용담(龍潭)으로부터 전하였고, 용암(龍菴)으로부터 나에게 가르침이 있었습니다.

　아아, 선생님께서는 하늘이 낳은 성인(聖人)으로서 이 세상에 태어나 그 때를 만나지 못한 탄식이 있는 것인즉, 그 운(運)이 불행한 것이요, 나에게 이르러 더욱 이것은 모앙(慕仰)하는 마음이 되는 것입니다. 오늘에 이르러 도(道)가 나에게 있고 덕(德)이 나에게 있으나 도의 있는 바를 알지 못하고 덕이 있는 바를 알지 못하니, 어찌 정성과 공경을 알겠으며, 어찌 믿음과 경외(敬畏)함을 알겠습니까? 한 번 신미년(辛未年, 1871년)에서부터 주인의 가르침을 이어 지금까지 포덕(布德)한 자가 정선(旌善)에 빛남이 있고, 은혜가 나에게까지 미친 즉 나의 어리석음으로써 그 이름이 접주(接主)에 있으니 두렵고 두려운 나의 마음이 간절하지 않은 날이 없으며, 성덕(聖德)의 문(門)에 누(陋)

가 될까 두렵습니다. 시헌(時憲)은 본래 먼 곳의 빈한(貧寒)한 선비로서 궁벽하게 한 모퉁이 도원(桃源)에 있다가 또 무은(霧隱)의 담명(潭名)을 칭하여 태백산(太白山)에 온 것은 세상에서 일컫는 바 명승지(名勝地)였기 때문입니다. 주인과 차주(次主)의 정성으로 도인(道人)을 권하는 데도 역시 어려움이 많이 있습니다. 지금 배우는 사람들에게 원컨대 일체의 선(善)을 따라서 다시 선생님의 명명덕(明明德)을 기약하게 된다면, 선생님의 도덕 역시 이 세상에 나타나 다시 한 번 황하(黃河)가 맑아질 날을 볼 수 있을 것입니다.

도(道)가 있은 연후에 스스로 운(運)이 있고, 덕(德)이 스스로 사람에게 미치면 도가 나의 도에 있는 것이요, 덕이 나의 덕에 있는 것입니다. 도의 밝고 밝음이요 덕의 크고 큼이 더욱 밝고 빛나게 되니 이 어찌 성운(聖運)이 회복되는 것이 아니겠습니까? 지금 정선주인(旌善主人)과 차주(次主)[1]의 공으로 책자(册子)가 나오게 되었고, 또 후학(後學)들이 찾아와 (도에) 들어오게 되었으니 어찌 자연이 아니며 또 선생님의 성덕이 아님이 있겠습니까? 지금으로부터 도법(道法)의 차례와 도의 참된 근원이 실로 밝혀지고 문권(文卷)에 실렸으니 나는 비록 우매할지라도, 괄목(刮目)의 경지에 이르러 다행이 선생님께서 나의 감격을 돌아봄이 있기를 바랄 뿐입니다.

---

1 姜時元을 지칭한다.

강릉후인(江陵后人) 유시헌(劉時憲) 삼가 공경하며 서(序)를 씁니다.

후서(後序) 3

먼 옛날 이후로부터 스승님의 도(道)와 덕(德)이 오랜 세월 뒤까지 전해지고, 기성(箕聖)[1]이 동(東)에 나온 이래로 문물(文物)이 그 빛을 발하고 예의(禮義)가 밝아졌습니다. 도덕(道德)이 다시 새로워지는 운(運)이 있으므로 선생님께서 세상에 나오셔서 한울님으로부터 명(命)을 받아 도를 후세에 전하였으니, 크도다 도덕(道德)이여. 연원(淵源)이 서로 이어져 정성과 공경으로써 닦음에 이르고, 정심(正心)으로써 배움을 전하니, 사람이 이로써 태고의 하늘 성품을 품게 되었습니다. 아아 슬프다. 갑자년(甲子年, 1864) 이후 선생님의 음신(音信)이 꿈과 같이 묘연하니 슬프구나.[2] 지금 우리 후학(後學)되는 자들은 무릇 주인 해월(海月)의 상수(相受)에 의하여 도(道)의 절차와 연원(淵源)이 이어지고 계속되어 선생님께서 계시던 때의 명명도덕(明明道德)과 같습니다. 내가 도원(桃源)의 한 모퉁이에 나와서, 뒤에 배우고 늦게 닦아 선생님의 문하(門下)에서 놀지 못했음이 한스럽습니다. 오늘에

---

1 箕子를 지칭한다.
2 水雲이 殉道한 사실을 뜻한다.

이르러 모앙(慕仰)하여, 가르침의 밝은 거울을 주셨습니다.

용담(龍潭)이 맑고 깨끗하여 옛날의 감회와 살핌을 생각하니 닦아 이루는 기상(氣像)이요, 귀봉(龜峯)[3]이 푸르고 푸르러 산고수장(山高水長)하니, 선생님의 풍모가 저(彼)와 같습니다. 날로 읊고 때때로 닦으며 제자의 정성이 이에 있어 자자(仔仔)한 근원을 서로 닦아 이어, 이로써 주인과 차주(次主)가 북(北)으로 정선에 노닐어 오늘에 이르렀습니다.

기묘년(己卯年, 1879년) 이래로 산수(山水)의 아름다움을 보고, 또 풍속의 순후함을 칭찬하여, 이곳에서 설법(說法)을 하고 이곳에서 접(接)을 열었으니, 이는 곧 운(運)이요 자연의 이치입니다. 어찌 아름답다 찬미하지 않겠습니까? 용수동(龍隨洞)과 운담(雲潭)의 사이에서 주문(呪文)을 읊었고, 이때에 도(道)를 배우러 오는 많은 선비들이 훌륭하고 훌륭한 모습이었습니다. 아름답고 승(勝)한 일입니다.

옛말에 말씀하기를, 도(道)를 존중하는 것이 스승을 존중하는 것이라 하였으니, 이는 선생님의 진원(眞源) 아님이 없는 것입니다. 하늘을 위하는 스승의 도는 동(東)[4]에서부터 비롯되었으니, 지극한 기운(至氣)이 지금에 이르러 영세(永世)토록 같이 하니, 이와 같은 성도

---

3 龍潭亭이 있는 龜尾山.
4 본문에는 東於東으로 되어 있으나 受於東의 誤記로 봄

(聖道), 저와 같은 대운(大運)은 세속에 밝게 알기 어려운 것이요, 세상에 드문 것입니다. 아아, 이 도덕을 누가 흠앙(欽仰)하지 아니하며 스스로 불면(不面)의 탄식을 부끄러워하겠습니까?

주인이 나에게 물어 말하기를

"읍호(邑號)는 정선(旌善)인데 풍속에 선인(善人)이라고 할 수 있겠는가?"

하시니, 내가 대답 드리기를,

"도원(桃源)의 복숭아는 이슬로 화(和)하여 심고, 봉산(鳳山)의 봉(鳳)새는 덕(德)을 살피어 내려온다고 하였으니, 사람의 품부(品賦)가 비록 지령(地靈)에서 나오는 것이나, 혹 선(善)에 돌아가 수련(修煉)을 하면 곧 선(善)으로 돌아갑니다. 이러한 연유로 그 선(善)을 표한다고 한 것입니다."

하니, 주인과 차주(次主)께서 이로써 칭찬하시고, 그 선(善)으로 이를 비유하고 그 풍속으로써 비유하였습니다. 그런 까닭으로 인하여 이 정선읍에서 포덕(布德)한 것이 그 수가 그러하고, 과공(課工)이 괄목(刮目)을 기다릴 수 있었던 것입니다.

힘쓰고 삼갈지어다. 사람에게 있고 정성에 있는 것이니, 같이 그 공부를 닦고 다듬어 연원(淵源)을 전하면, 일문(一門)의 도학(道學)으로써 이 세상에 유래(留來)하고, 후천(後天) 오만년(五萬年)의 도에 남게 될 것입니다.

내 스스로 뒤에 닦고 깨닫지 못함을 뉘우쳐 탄식합니다.

영월후인(寧越后人) 신시일(辛時一)은 졸기(拙記)로써 삼가 서(序)를 씁니다.

司成公諱沕五世真臧諱袞五世
諱涇

崔先生文集道源記書

崔先生文集道源記書

先生姓崔氏諱濟愚字性慶州人也山林公諱鋈之子也貞武公諱震立之六世孫也嘉慶翼廟朝甲申歲十月二十八日生于府西稼亭里○適其時天氣淑清日月光曜瑞雲繞室龜尾之峯奇鳴三日已繞四五歲容貌奇異聰明司曠山林公居常愛育視同奇貨○稍至十餘歲氣骨壯甫智局非凡年至二八已亥之歲山林公没○先生居憂三年家産漸裏學書不成意墜青雲然平生耶志澗達大慶有教人爲上之心而索其谷理之凡術則必是明世誤人之理故一笑打棄又爲武幾至二年歲弓歸商周遊八路耶業交違自此年光漸益一無耶志自歎身勢之將拙攤移于蔚山而享不偕心頹臥草堂反轉恒念消遣世慮○適至乙卯歲三月春春睡自足如夢如覺之際有禪師自外以訪主人先生開户視之何來老師容貌清雅儀形懇勤出迎問之曰僧何訪我以來

僧曰生員主謂慶州崔生員乎答曰然也老師
曰然則小僧有繁談入于草堂如何先生携乃入
并堂坐定而問曰由何論議耶答曰小僧在於
金崗榆岾寺矣徒讀佛書終未神驗故以為百
日之工如見神效至誠感祝終工之日俊眠塔
下忽覺視塔前一卷書在於塔上扱以披覽
則世之稀罕之書也故小僧即為出山周遊八
方或有博識之人而處處不中仰聞生員主有博
識懷書以来生員主有武知乎先生曰納于書
案老師禮以獻之先生披覽則於儒於佛之書

文理不當難為解覺僧曰然則姑留三日去越
翌日後来其聞詳案考覽如何乎退去矣及其
日僧来問曰武為有覺乎答曰吾已知之僧百
拜謝禮欣喜無地以言曰此書真可以生員主
耶受也小僧只為傳之已而見先生心常神異乃知
下階數步之内人忽不見先生書有所祈之教○
神人也○其後深探透理則書行之謝退
轉至丙辰仲夏之節謹奉幣帛與一箇僧八于
梁山通道天聖山結築三層壇計為四十九日
而祝願心耶恒念與天主降靈只望有命教矣

未瑞二日織至四十七日至誠自念剛叔父已死身爲重服人也旣知服人則獻誠未安故仍爲下來叔父果爲羡瘵不勝悲哭居然過朞免服爲思則計無他策家庄所存只有畓六斗落已而也勢無奈何故畓六斗落升賣於七人處外設鐵店內有祈禱更上天聖山如意咸計惟歲丁巳原屬三秋○至於戊午家産湯盡積債如山賣畓之跡顯露買主七人惟日督捧不勝其窘拍來七人各作狀辭而授之日料爲同日同呈言退送矣及於定日七人同呈拍致官庭

頭覽曰是非在我處決在官惟在令監處分云決日以先買者得課也○里中有一老㿈突八房內作獒無雙先生不勝其憤揮手椰之老姑仍忽絕氣以斃其子三人其臍二人去言敗談以扶執曰吾毋矢殺人在法後報在子以若旣死之毋不復回活則當爲告官云先生自量事勢擧則大事故親臨厥家忽有救活之道理大言曰汝毋活則汝復何言其子曰矢復救生則更有何言至恭恐乞故先生僻左右親臨尸房觀脉撫尸永爲旣斃以一尺雞尾拱于賦

咽喉史之間喉中忽有喘聲吐一塊血撣有轉
回之際先生拓其頤子請水以灌口俄而完生
轉身起坐矣是故先生常有神明之言也○至
于巳未巢穴未定䞍慧莫樣惟有還故之思將
營寧眷之計是歲十月還師龍潭龍潭即山林
公講習之書齋也目是由來罷脫衣冠心盟不
出休息且退可笑滔滔之世態不妨寂寂之閒
居遊歲月樂在亭潭○庚申四月初五日長徑
孟倫之生辰也送其冠服請來先生不負其情
強奉會中也未歲身有戰寒之氣未得安心仍

為起來而精神渾迷如狂如醉顛沛倒之抵至
廳上則身聘氣眦疾不得執症言不得難狀之
際自空中完如有聲頻聞耳邊莫知其端向空
而問曰聞空之聲誰也 上帝曰予是 上帝汝
不知 上帝耶汝叉卷白紙而受我符圖也即
白紙則完然昭載吹紙上先生招子視之子曰
吾不見其形 上帝曰愚昧人生汝以筆書之
燒置精器冷水吞服先生即寫一張燒以吞服
則和試之際無聲無臭特甚也 上帝又曰
吾子為我呼父也先生敬敎呼父則 上帝

曰汝誠是可佳符則三神山不死藥汝何知之
先生遂寫數百張連為吞服過去七八朔後纔
身潤富容貌幻態有詩曰河清鳳鳴豼能知運
自何方吾不知○上帝又教曰汝除授白衣之
相乎先生答曰以上帝之子寧為白衣相乎上
帝曰汝不然則受我造化以見於造化先生受
教以試之皆是有世之造化也先生不應又曰
此造化行之後彼造化行先生即為行之此化
伎化是亦有世之化也若以此化教人則必為
誤人豕不舉行○上帝又見造化曰此造化真

可為行化也先生強為行之則是可為亦照也
其後雖有命教誓不舉行絕飲十一日○絕飲
之後○上帝俱無一言之教纔至一月下教曰
美哉汝之節兮用汝以降于無窮之化布德天
下先生遂以食飲自此以後修心正氣樂至一
歲修而煉之無不自然乃作龍潭歌又作處士
歌而教訓歌及安心歌並出一以作呪文二件
一件呪先生讀之一件呪傳授於子姪又降
靈之文又作劍訣又作降字呪是乃白衣童靑
衣童也法制呪文雖有之玄械不露故天藏地

秘云不意一日上帝曰汝明日當往親山省
墓也先生待明日為料去矣當其日大雨方來
目滯不就 上帝督促曰何以遲遲即往省墓
先生冒雨以去小豚雨俱衣無霑即臨姪家
借其人馬而去小豚雨俱衣無霑何焉先生強
備人馬而去五十里往返太陽縋上奴亦不霑
以返徑曰終日大雨是何不霑而來也其姪驚怪
哉先生曰此乃 天主之造化也其姪益知甚
怪及其十月其姪孟倫來請八道先生傳之〇
上帝又謂曰汝之前後吉凶禍福吾必眹為汝

之也然而汝入凡亭後改字號不出山外而野
謂立春書者道氣長存邪不入世間衆人不同
歸完書壁上嘲弄世上實眹可笑汝今以往教
人布德為戒至于事則汝亦長生昭然于天下矣
雖然汝國之運慘矣人心惟危道心惟微三綱
都喪五倫漸弛蒼生守牧之官虐民誤政民亦
失分舉有魚河之歎作亂無殿連至三年是故
君不君臣不臣父不父子不子不順道德汝國
豈無傷害之運乎汝慎聽教人云〇過至辛
酉春作布德文時惟六月附有布德之心而歆

得見時人之賢者自然聞風以來著不計其數
也或招而八道或○命而布德所傳著只二十
一字而已先出名其道曰天道又名曰東學寶
乃無往不復之理而之理也無爲之
化也歌修以教者一曰食告一曰出必告入必
告不爲用藥守心正氣去惡爲善物慾自去不
探他利不取有夫之女不言人之過不食惡肉
以信敬誠三字爲主也○今年十一月卒然有
發程之計思其新八之道者則可謂蒙愚懲戒
者也自歎不已而發行于全羅道過次八星川

拜瑪忠武廟初到南原徐公瑞家唱宿十餘日
而其時偕行則崔仲羲也周覽其邑之物色山
水之佳麗風土之淳孚可謂絶勝之地而無非
騷人俠士之繁華也以竹杖忙鞋尋八村之偏
谷口抵到隱跡蒼時惟臘月嚴律旣暮寺鐘
時擊衆僧咸集佛供農奠或有法經之願送篤
迎新之懷難禁一夜之半寒燈孤枕轉輾反側
而一切賢友之共懷每憶妻子之相思强作道
修詞又作東學論勸學歌令年壬戌春三月還
來於縣西白士吉家使崔仲羲修送家書又封

送學與詞二件〇隱在於朴大汝家一並勿煩
而他處之人為其不知也各處之人但知在於
全羅道莫知來料外三月崔慶翔荅曰生何知之
心通以訪來耶慶翔怒為訪到先生
問曰君或聞而來耶慶翔曰生何知之自有
欲來之志故來之矣先生笑曰君可真然而來
耶曰然也慶翔問曰工不實然有如
此之異何為其然也先生曰且言之慶翔跪告
曰以油革宗子達夜二十一日其故何也先生
曰此則造化之大驗君心獨喜自負心慶翔又

問曰自後布德乎曰布德也自慶翔之來後四
方賢士日以稍益不勝堪當也〇
修德文又作夢中歌〇有姜元甫者親臨其家
而或為宿食七月還家之日柬馬以來至回谷
路上有峀路下有堰七八丈之處馬忽住此階
行五六人或打鞭不起或如斯之際堰崖七八
丈如雷咸落雖曰㒵著物亦知夫人意囬馬挾
逕以來留數日後欲去大汝家而夜忽大雨大
水漲溢泉皆挽留而先生曰水雖曰鹼戒涉人
否即為柬馬大騎漂水自乾樂而渡人驚駭而

壯也還在大汝家○本府中有尹先達者與其時營將相親之間也符同營將曰此邑崔先生尋子至於十數云若以崔先生捉治則每名一緡言之近爲十有餘緡金捉治如何營將聞其人之言即而發差捉去崔先生時則秋九月二十九日也聞將差來心錐憤悅有城下之分故辭子十餘人束馬强行到西川臨其渡水之除東濱陳女百餘人一時起立仰晃先生心獨疑訝而卽八官庭營將問曰汝一箇寒士有何道德而多士數千美世得名而術家言之醫

不醫筮不筮亞不巫術人生計何由先生怒以對曰天命之謂懽寧性之謂道修道之謂教以此三端教人爲業柕理不當半脈目視營將營將見威儀驚魂落魄不敢接語卽爲出送先生退入府中於焉之間四方束者近於六七百人竟尹先達入出給云營將房內壁歲中衆人却責曰尹漢逃遁隱於營將房內壁歲中衆人觀其營將之善待而聞其課女仰視之所由西天有瑞氣之故也俄而營將使出差員杖請罪

先生曰吾向面寒士豈罪於官差乎恕容退送
又本官使禮吏懇報曰使道主勾徇有患憂先
生主勿藥自敉云請符圖一張先生黙念移時
謂禮吏曰病即差矣妝則去矣禮吏還報官曰
先生之言病則差矣官曰病乃差矣云○先
生留府中五六日後十月初五日還于龍潭十
四日有通文是月念夜先生方夜讀書內章或
㛈或針忽然輝煌之氣照門如月開戶視之黑
夜中天彩雲玲瓏瑞氣明眼龍潭洞口如畫大
明家人大駭問於先生曰洞口全樹上有一美

女綠衣紅裳婵娟以坐先生曰勿罵言先生獨
知仙女也○十一月慶翔來請曰先生枉臨生
之家如何先生曰君家陝窄移定他處慶翔
退慶所定于興海梅谷孫鳳祚家慶翔壽次拜
拜先生初九日偕先生即到孫鳳同為留連而共
日各慶道人徃拜慶翔慶家座定翌
樂甘苦又與兜童始習筆書日以教之先生備
俱壯紙一軒達夜書之一不成字紙費三卷先
生告天主曰神人何為吾必為之暫休更寫亦
為亂筆先生曰神人何為吾必為之如是以為

筆至於無數終不成字上帝曰姑止之後必
賜筆其後日與兒童或書或筆以為課工而先
生與 天主和答訣句松二栢二之篇出於其
時也是時慶翔衾一件上下衣裁納于先生先
生曰君素貧寒何為竭力辛先生情言曰善家
之妻子所食亦艱君可救惡之計耶慶翔即備
米肉與錢四五十金並先生閃書而付送本家
日居月諸奄迫歲暮此處以為過歲之計當其
晦日先生親定各處接主府西以向士吉姜元
甫定授盈德其命哲寧海朴夏善定授大丘清

道戴刀金周瑞定授清河李民淳定授延日金
而瑞安東李武中定授丹陽閔士葉英陽黃在
民定授永川金先達　新寧河致旭定授固
城咸漢瑞蔚山徐君考定授本府李乃氣定授
長機中義定授笈友正月初一日上帝降訣
于先生其書曰問道今日何听知憲在新元癸
友年初六日與慶翔拜別此時謂曰君去盆寧
之境還來也先生即還本家○二月柱臨永川
李吏家載與兒童以為習筆暫枉新寧河慶一
之家暫游而三月初九日還于本家○先生曰

與茅二子世清金春敹成一主河漢龍姜奎消
日以始造法筆以習頟字或習真體不過數日
筆似王羲之跡四方道人聞筆法之奇日已盈
門○四月盈德人姜洙來問于道修之御次先
生曰只在信敬誠三字云○先生聞盈德有
事更戒各處道人勿為指目之端○是歲六月
分付于各處姜洙來謁先生以書一張特以書之須布于
各處其時姜洙來謁先生以十餘張中有性字
此君持去又書敬齋二字授之先生卒為敹文
罷接定于七月二十三日其時會集者僅高四

五十人也自罷接後敬筆書是時作道歌有詩
一句龍潭水流四海源龜岳春回一世花慶翔
適來久與相談特定北道中主人而先生親
為嘆息而如有怒色更為下氣怡鮮曰真所謂
成事者去也此運想必為君以出也自此以後
道事慎為干涉俾無違我之訓也慶翔對曰先
生何若是有此訓乎先生曰此則運也吾於運
何也君當路心不忘也慶翔又對曰事則然矣
言於生過也先生笑曰事則然矣勿煩勿疑云
二○八月作興比歌十三日慶翔料外適至先

生喜問曰卽日不遠君何患來慶翔對曰先生
獨過卽日故倍以同過之意竟為來之先生盖
有喜色十四日三更辟左右先生黙念良久呼
慶翔曰君可為啟膝平坐慶翔應其言坐之先
生謂曰君之手足任為屈伸也慶翔卒不對言
精神如有如無身不可屈伸先生見而笑之體
身慕仰謂曰君何為如是也聞其言卽為屈伸
先生曰君之身與手足前何不伸今何伸之何
也慶翔對曰莫知其端也先生曰此則造化之
大也何患乎後世之亂乎慎哉慎哉十五日曉

頭先生呼慶翔言曰此道以儒佛仙三道為出
也慶翔對曰何為焉乎曰儒道授筆成字開口
唱韻用茶牛羊是乃儒道也佛道淨潔道塲手
執念珠頭着白袖白米引燈是乃佛道也仙道
容貌幻態衣冠服色茶禮幣帛獻醽酒是乃
仙道也及其時宜用合茶之法云已平明以呼
心正氣四字授之曰日後用病以為行之又賜
符圖　特為執筆以受命二字書告西受之曰此
龍潭水源四海源副岳人在一尼心授之曰此
詩為君將來後之事而降訣之詩也末為不忌

也於是清河人李敬攸結幕山谷出入浪籍彼
人陰害而遂其譽廉以至配獨盂德通中权
合二百餘金納贖辭配先生聞之特為讚補矣
○盂德人劉尚浩禮當百金以為接賓之資其
誠可佳云耳○冬十月二十八日即先生之生
辰也若為通文則四方從者甚彩多故先生
本意設宴之事先有未安之動靜主人塞寄盈
德各備謙禮設為大宴其穀然不可勝敎先
生方為下箸時顧謂左右曰世上謂我天皇氏
云乞○前日作一句詩吾心極思者然間疑隨

太陽流照影謂於諸人曰此詩之意君等有或
辭之耶一座中皆不知○先生曰與此歌前有
領布實或為熟誦之耶各為而講也等次講之
後姜洙獨出座中對先生而面讀問吉先生節
二句乞先為問吉洙亦反為問吉則先生指東
誠墨房之人必洙亦默之不答先生笑獻曰子
而也洙亦問無窮之理先生先生曰君亦為心通可
知實洙亦問蚊將軍之意先生曰其亦心通知之
耳○先生曰前有一夢太陽殺氣着於左股西
愛為火起終夜罵人字而覺後見股則有一点

紫痕露於三日是以尚有所憂而心獨知禍將
至也目是 上帝設降話之教時只教矢石
之遇法而後無降話云○先生謂道人曰
之道事所以為法者在一不在二在三不在四
在五不在六○先生平居常謂道人曰自開闢
後世或有興 上帝親侍問答之教歟非吾耶
以浮言也世或不然而知其浮言則此耶以吾
運明二也是故 天運循環無往不復以五萬
年無極之道 命授於吾此非吾家之 聖德
也然則古不聞今不聞之事古不此令不此也

法也嗚呼世人之毀道者惟或然矣嗟我道人
敬我慎我○先時先生布德之初次募道法有
二十一字而已而流言而修之流呪而誦之者
太非 聖德之敬傳也是故師無受訓之師則
禮義安效自古師□相授則自在洲源則堂以
誤傳敢違 聖德也我真修者有寶問以修者
有虛則日後之虛實亦在於斯人之為人也又
在於其人之為誠也○初為入道有一蕎致祭
改過遷善而未 侍之重盟有祝文者所謂知
盖載之恩照臨之德也無他道理只在信敬誠

三字也〇至十一月作不然其然又作八聯句
輸示於各處各作八聯句理合為此文之首封
送夫席云其詩曰不知明之所在不知德之所
在不知命之所在不知誠之所
致不知敬之所為不知畏之所為不知心之得
失〇先時先生身有風濕形如珠玉又如風濕
之後北道中風濕之氣猶獨大熾切論男女老
雖無處不生只有梳揚小無痛傷自先生風濕
弱而緣於嚴濕久徽課工故道人以是為悶告
于先生則曰此後去作所志訴於天主也其

後寧海人朴夏善作為狀往見於先生先生曰
吾必受命得題遂以執筆俟息俄而降題乙書
曰得誰求難實是非誰心和氣和以待春和〇
是時四方紛挠人心平偽俗不秉藝洋學蒲世
虛無之說不可取信而世人徒知陰害之端默
而時人未知東道之理歸之於西學而害之惜
辛彼何人耳八則心非出則巷議實為離防而
甚可畏也適當十二月八聯句作來者自北自
南無使不從連至初十日而留宿者近於五六
十人也是日夜先生獨定內挾房寢耶明燭高

拱坐不安席起動不已而如有憂色焉不麻觀
時於是宣傳官鄭龜龍奉命而到本府○前日
府中道人來告於先生曰生等聞之則方有廟
堂之論而欲害於先生云先生豫避似好也先
生曰道則自吾耶由而出也寧爲當之況於諸
君何爲不聽其言矣及此龜龍多率將羅不意
突入以 御命招捉先生以 御命之致勢無
奈何而順其命捉去其時曉境不可勝言同時
來捉者十餘人也並到于本府而望日發行至
永川地耶屬下卒言辭不恭蔑視無常先生秉

坐馬上馬足接地挽動不移數十下人大驚惶
而恩告曰小人等果不知先生也惟望先生平
安行次於斯之際馬忽疾行宿耶永川望日發
行到大丘營宿耶翌日發行至善山宿耶又明
日發行至尚州宿耶龜龍意爲作程於馬嶺聞
道人數千人屯聚云心爲大怖以擧嶺發行作
路到患淸道報恩宿耶其邑吏房則道人也故
朝夕支供善待錢五緡奉上先生翌日發行到
靑山宿耶明日發行到淸州宿耶發行數日抵
到果川及此皆宗朝十二月初七日昇遐今當

等代理後頒布各道故中滯多日先生始聞國恤之哀報先生曰我雖罪人國哀之痛亦是不幸也哀極不已罔數日傳教內慶尚道慶州東學先生罪人崔韓濟還送于該營招考狀啓云二自果川散行作路扵鳥嶺抵到聞慶草谷則數百道人店二竊視或擧火而隨之或舍涙而望之到此不忍之情如思赤子之心也是月二十九日到于詔谷遇歲甲子初六日得達大丘營因在獄中本府罪人移囚扵營獄以尚州牧使趙永和定于明晝官時監使徐憲淳也

及此時潦雨不霽故得退呈而多出將差倅杜道人出入是時慶翔在外聞先生之嚴囚惶二奔走以盂德劉尚浩錢百餘金用略得路兄入城中各樣周旋之際適逢玄風郭德元言及于先生食床之擧枷入庭巡行至二十日巡使招致德元卽應爲奴以爲擧使問曰汝何聚黨而濁亂風俗先生答曰敎人誦呪則勿藥自效勸兒寫書則自有聰明故以此爲業以送歲月寔扵其風俗何爲巡使更無問呈反爲下獄扵是慶翔聞爲人口招之言卽

日與金春敬出城逃避遂至二月巡使招致先
生問呈之際忽有如雷之聲巡使驚駭問于羅
卒曰杖下有聲是何壯也羅卒告曰罪人之股
折矣分付刑吏即為下獄在獄中有詩曰燈明
水上無嫌像柱似枯形力有餘先生謂郭德元
曰慶翔方在城中耶非久出捕矣以吾之言傳
及而高飛遠走也若為那挻則事甚危矣勿煩
慎傳德元告曰慶翔既為去矣巡使遂以啓
教三月初十日施威嚴刑先生授屍別世越三
日巡使招致先生妻子即為白頃故送分付奴

尸其時斂襲人金敬叔金敬弼鄭用瑞郭德元
林益瑞尚州人金德元也其餘罪人各為定配
各道各邑白士吉姜元甫李乃魚崔東哲李景
華成一龜趙常彬宋符朴兪仲叔任新寧人丁
名未詳 其餘白效人李民淳朴春萃寧海人朴
生知名不朴明改其時獄死先生長子世貞使金
敬弼金敬叔金德元將為迆柩哀我痛我此地
形狀豈可言豈可言發行抵到慈仁縣兩後捆
酒店日之夕矣問主人曰令夜止宿如何主人
問曰自何以來至世貞曰自大丘來主人知其

寶一喜一悲入尸於房中一集行客尸體有溫熱之氣故章戒為回還之理料以三日之驗守其尸而待留獲虹起淵連天雲霧饒淵繞屋五色玲瓏連嚴三日先生上天而雲捲虹辭其後尸臭即下更為歛襲翌日發行即到龍潭先生長侄孟倫從後而來到安室于龍潭西原龍潭亭兮果為平地嗚呼先生之室兮子兮去何時依嗚呼嗚呼龜尾之奇峰怪石空帶傷心之色嗚呼龍湫之清潭寶溪如流滯淚之聲嗚呼內子女何處依居朝吁夕嘆托身無路哀彼母

子攜手同歸蒼髭髮前弐後纖弱兒女歸彼哀斯滯留咸氏之家不過一朝丹陽人闔士煒使敎淳敎彌送之倍師母子女以去已至累日以指目之即致移接于旋善文斗谷至于一年間士煒之死生計無路故移遷于尚州東關南陸生之家不過三朝食藥十人糊口無計莫知所向寔傳聞主人在英陽龍化洞轉輾倒之朝乞夕瓢僅訪主人家○耶謂崔文若者慶州人也本以亂法亂道之類為人指目也甲子三月十三日本府營將捉束招致文若口招孟倫

盈德人劉尙浩營將捉去兩人以文若之
誤招普不屈降營將素聞此人之富得名欲探
其財産拷嚴囚惟日嚴刑斯非人之所爲噫彼
文若曰我何甚到此地頭冒反爲釁營使何嫌
狀我如此報營何意賂食不贍尙浩之遠寃冒
由之故也文若之定配自孽之故也孟倫□自
發修德之故也噫彼文若昭見蒼天乎○尙州
接主人黃文奎先生在囚時以極力周旋用費
之資多吩出於誠力之道其人之誠亦出於救
愍之地也○盈德人具正元自癸友臘月至甲

子二月長在營門北接之事功爲周旋而與孟
倫氏同苦以還○主人慶翔自大正出遇後捕
卒連散方谷離爲出頭夜行晝伏形貌雖藏到
此地頭其誰活我至於安東捕卒隨後適逢李
武中間其指導而虜在他家不過幾日亦有指
目之嫌而頻數遷置此地窘憨豈甚於此人乎
如斯之際捕卒隨踪而來到用侵武中曰崔其
方在何處恧爲速出其人也武中思之則主人
前日已去勢無奈何故武中賣畓以百餘金賂
給於捕卒而退送云二○問士燁先生在營時

誠出三百金運来城中而散給各軍卒其餘亦
用道人各處邪云○先時先生在營時留連
守御人孟倫河致旭朴夏善李敬汝崔奎彥成
漢瑞河廥一金周瑞徐君孝朴汝仁宜寧人姜
先達林益瑞林根祚全德元全碩文吳明哲郭
德元也其餘不可記数也其時先生在營門自
癸亥臘月至甲子三月此道中盈德寧海兩接
六百餘金與海延日兩接三百金平海蔚珎兩
接三百五十金安東英陽兩接五百金連日運
迎城中而其餘各人之誠用他處之費用亦不

可計数也○論其郭德元之誠孝則豈勝於此
我身統索帶脫絪面墨日惟三時奉供甘旨終
事先生而又見其末以歸家始終之如是者至
扵道而可謂誠敬信之人也○主人自先生化
仙之後哀痛號天莫知所問轉至盈德直川姜
洙之家洙方以風濕之未牧痛卧草堂驚起主
人之手而問其先生前後受辱之事洙洙涙以
哭之洙之妻朴氏亦為大聲痛笑也終夜不眠
晨炊而裹槖一盂之飯曉出東向村雞亂唱花
雨適至冒雨行邑蹢躅中道抵到寧海訪宿道

人家明日發至平海黃周一家周一亦聞先生之化仙哀痛無比也主人以接身之意付言周一然其言周旋給家主人仍率妻子因居而捆屨爲業以爲資息居過一年移遷英陽龍化洞永以不出山外之意誓以隱跡云○夢外乙丑歲七月師母氏率其子女男員女戴莫撲以東到主人見其師母氏之情像心斷膓莫問其來默而蒼猝之勢也故卽許入主人家出于他家云○自甲子以後所謂道人者或死或存或兼閉無相通永爲絶跡而彼此相見

如見仇讐自不能相從也○主人自入山後身爲山翁極蟄於稼穡之後而郤恐種桃之跡露然而當此時師家之許活於憫難言歲月知流邇當而寅之三月實臭味自昏近響遠照始自尙州自然有知幸賴師家之輔力俗所謂活人之佛言也是歲三月初十日卽先生終朞之日也尙州人黃文奎韓振姞萬汝章全文汝極懷反哺之情孝而致有追遠感奠之誠自有懷故之行也自此以後師家之輔護出於尙州而惠反於飢者之食也○此時姜洙當於三月初胡

自量爲思則今年先生終碁則其子筞必爲來
龍潭笑去必逢之即爲敎行往尋孟潤氏之家
則歐後莫樣頭緖方爲賣訐於桐僂以食也以
其碩大壯氣困於此地忍不得難言而自夕至
夜待𥘿而不來其不葉其懷苦待終無消息臥起
爲感帳而𥘿此不葉其懷苦待終無消息臥起
不眠達夜空嘆反其曉頭𥘿言曰已白笑吾
將欲速孟潤氏曰君恐指目而鉐爲速去食飯
以去矣𥘿曰此慮則有名之地也吾何爲見人
之所指也即拜而還家〇全聖文者本是盈德

人也自甲子後無家紛走來接主人之比隣其
時自遠以來同居接隣者惟全德元鄭致箕全
潤吾金成眞白玄元朴皇彥金良彥黃在民權
成王金性吉金啓岳也〇丙寅秋八月江都也
亂一國騷擾其時道人夾源者敬探其主人之
在廈然雜尋隱跡之深居至於九月全聖文適
有盈德之行姜𥘿偶逢其人問其師家之所在
主人之所居聖文曰初有疑訐而不言其實觀
其𥘿之惆然之像乃言其師家之居廈也𥘿喜
聞其言即通朴秦瑞期日敎行于主人家世員

間洙與春瑞之來足不移之以來握手相進而
言曰詗過三年之懷欵勝於彼此也裁師母氏
孤在此處者固無強迫之嫌只有道人之追故
爲人螟子者親爲倍見於師母不不有然至
於此有此拜師母之禮實乃孤踪之故也是以
尊號曰大家云二者自是以出也〇是歲十月
二十八日卽先生之生辰洙與春瑞徃叅祭祀
主人設論曰至于今日道人相會者如此自明
年丁卯三月爲始爲先生成契如何洙對曰隆
師之道及於吾輩之情莫大於此也主人曰期
　
於一年再次生辰與忌日各科四戔以爲春秋
之享祭卽修契業而通文于各處〇至于丁卯
道人避於世嫌而隱處者最多於慶州金
也適其時有相從矣然契者金慶化金士顯李
八元也其餘一二不盡記而至於盈德劉聖元
金用汶林葽柞具曰善中聖祐鄭昌國裵生名
詳也其後響應而相從者有或師家之故報實
〇至於戊辰金用汶自出五百餘金一以補師
家一以補主人一以補窮貧其人之誠義也其時
熙之性也仁我此人之誠義也其時樑長體歸

者姜疑也沫之此也○古云夏禹氏九年治水
時蓬萊山二上有一大獸無頭無尾其形奇○
怪二不見世外之物也以聖禹之明鑒莫知其
怪也乃知怪異之物射之不中炮之不斃大如
巖石而此形則非龍非蛇帝禹告于帝尭帝尭
曰其數之止也收於前千年之運化出於後千
年之運以待東邦太陽之運而更為化生於其
時也其數三變化生之物也至於周厲弭為服
至於東邦以太陽之氣日生百子矣云○大
明時有張唐士與黃將論訣曰羡哉東邦奇我

東邦運過千年至李氏之末道學先生以太陽
之氣化生於其世則其符子以二十八宿之精
應出地上仙二百德流四海名振天下云○
己巳二月間陽襄道人崔喜慶瑞來訪主
人主人問其來意其人曰吾耶知道者不知
之御次故不遠千里以來頻主人詳教法次如
何主人曰是自淵源誰也吾不知淵源也而耶
謂孔生者偶來見怪故探問其理則孔生但知
呪文十三字已而不知道之法次是故欲知其
理之深源來此仰問詳示焉曾之分如何主人

示其文件共祝文其人大喜曰如此之道吾當
誤矣懇請一萬之行主人諾以送之三月主人
與春瑞枉臨襄陽則其時道家不滿三十餘家
云耳○庚午十月孔丘者誘言世貞曰方令襄
陽道人顏倍大家移遷寧越則出八相徒惟且
好笑生計亦勝於此遷于寧越如何世貞聽其
孔生之言忽爲撤移于寧越小峯院其處有張
奇瑞者原州人也入道渕源則謫居人李慶化
之所傳也○嗟夫道厄歪塞人心不淑此世邪
謂李彌濟云者出自何伙在於東海之濱素

是以牧川之亂賊連至高陽誤中論罪變姓逃
匿於嶺海暗失其心而假託道人舂八背道之
林中探知於覺黨之源揭出於奪人之敵追往
驅來聚首諫集曰事送理之端嗟夫彼來者誰
害我之人也不意十月寧海人李仵彥者束謂
主人曰姓云鄭也癸亥歲入道先生深在智理
山中柱門不出而近爲六七年故不知甲子先
生之變其在穿子之分不勝其憤而彌到此須
欲達主人而送我傳言故令有意外之行願須
躬枉如何主人聞其人之言則事不近理意不

可到也冷落不應仁彥者不已以去不過幾日
朴君瑞者又來如以仁彥之言區二以陳言主
人亦為揮却而送之屢幾日李仁彥者手到以
誘曰彼人事情但以為師伸寬之計有爛熳尚
廓之意強請主人莫謝躬徃若以彼人之言奇
不信事當一徃而又況至於我當變之餘如此
之行豈不信我主人亦以心笑而善言送之越
明年辛未正月朴士憲亦以獺濟之言又来言
曰前有三人之行而主人終不来之故吾令不
得已来主人若觀其人可知其人之虛實真偽

則曾屈一徃如何主人問曰老兄與其人閲月
穩談云其人之動靜可知实向著三人之言雖
蘇秦之說吾不可信也老兄於我豈有秋毫之
欺心乎士憲曰吾何有智識之道而觀之間其
人之言辨則事二可催而吾不知人心默但以
為師之心言之故吾亦為其然而来之也主人
曰雖然吾且觀勢以逆矣士憲退送其後二月
權一元来言曰前人頻數来議以獺濟為師一
寧之意如是果及而彼此抱冤一般同懷令若
主人一以徃之則庶可為其人之待主人不得

己但以信言而偕行見彌濟彌濟如有德邑曰
老兄來何晚也吾與老兄初不相親然以為師
之許及送人老兄家者非一非再至四至五待我
括視及於如此乎不數言吾雪於先生之寃者
志哉久矣古書云天與不受反受其殃吾亦受
天命之人也吾且言之昔檀君之靈化生於劉
邦劉邦之靈化生於朱元章當今之世檀君之
靈復出於世一日九變者即吾也一以雪先生
之恥一以濟蒼生之狹茅有吾志者中國之創
業也默而此地之起事非他先生云生於東受

於東故其名道曰東學東起於東故至於寧海
我國之東海也是故起事於東到今為先生者
豈不肯從也吾之名出於世而朝廷亦知故王
營咸應六朝回首此豈非天運也君等若不肯
從者君等之身命懸於吾手聽不聽從不從吾
何關也俗歌謂從天降從地出辛欸一言先生
之受辱日即三月初十日也以其日完定更無
他言以此從之也主人觀其皃聽其言則知非
元常之人也心有取試之意留數日觀其動靜
日為三四夏一端以先生之完言之故強不得

己順從然尚有惟談末決之端更言曰千萬事
欲速則敗也退停秋成起事之端如何粥濟為
拜大言曰吾之大事君何退停更勿煩言主人
勢無奈何退往誅之家以此意言之誅曰吾亦
往見後從之則從卻之則卻以某日偕往為計
耳見主人又見春瑞則其人之言亦然也誅與主
人往見粥濟亦如聽言誅謂粥濟曰老兄之心
志吾不知然而老兄何必以道人起事乎粥濟
怒曰君是背道人也吾令為師之際捨近取遠
率至於先生事不取道人而奚取世類哉誅蒼

曰男兒世上事獨取其慾不繁其理則末由其
居而以見其敢老兄惟不見項州之憑直半以
固靴則花增之諫悔莫及矣為令起事吾胡
停退老兄深諒廢端如何粥濟觀其誅之氣像
說語之義辭怒怕拜曰兄之言雖是然而曰之
定定退亦難進難運不再來時不再來時則
三月日惟先生之覓日則此當非春三月好時
鄹耶事則懇摯勿失也惟冀老兄勿言欲速也
誅亦不得已從此際金洛均自京中來到而袖
中出印簡書及於粥濟粥濟披覽後如有喜色

熛熯誘言曰此簡一張時任禁將之書也且簡一張時任訓將之書也如是為丁寧豈有疑訝我主人與銖卽往全東奎家東奎欣然迎接曰自何從來答曰見弼濟以來東奎曰事之急矣吾之俱備之事久矣主人速爲還家不失其時如何云耳翌日主人與銖亦還歸路見春瑞亦謂銖曰吾見弼濟人雖非凡然而人心難測吾輩之入於其轂若事不近理彼人之言但以爲卽之事故吾亦從之來之矣銖卽往淸河見李敬汝父子及舅姪而又見於弼濟

意氣論文披覽從讚其文體之通理也敬汝父子其時則以自己事方性配所之時也於此於彼亦爲得意之秋也卽從之銖及其日曉諭妻子與箏同往敞廳聚集近於五百餘人弼濟以爲設壇體行天祭前日以鄭爲行首突變爲李一會皆驚往二聞語器雜紛二事已到此是耶謂進逞有屆時夜將半突入城中放火下倅奪其軍器之際本府卽八東軒下具本倅數罪曰義兵散歸弼濟路均誤政虐民如此貪財如此

彼衆有掛榜市多竟群此邑民情罪將何去雖
欲恕容義殺貪吏府使李名宋此時一鬨騷動
守牧紛走嘻彼獨濟言傷竟命者何甚於此所
從者皆亡獨濟勢乏力盡可為畫出之猘狼也
出城到英陽誤中不舉即八日月山下英陽倅
大發軍器遂入山下擁圍故炮火如井中惡當
難脱之勢事不偕心各自散亡此時蒼黃之中
豈有妻子之顧耶勢將愚實走為上策洙顧謂
主人曰吾人之移勢如此到窮將奈何橘自獨
濟役入險境誰憑答雖紫貌至此境則同隨

獨濟之後以觀日後之真偽又觀其人之去趣
則不捨斯人而同為邐避自其日夜行畫伏嶇
嶇山路行李紛之間步挾邐夜月稀微虎嘯猱
啼溪落谷深幾日飢餓之中腹雷空鳴如斯之
時聞師家在寧越小美院無冠赤足行裝俱乏
襄橐空虛至寫至周幸得為一日之資主人在
於洞口洙獨往問師家之際世員之妻挾筐汲
水忽見洙來俊以入室洙知婦女之面貌故欣
徽而入婦女面有怒色不恭以問曰有何面目
來耶摳遞滋甚洙忍其憤而強問曰師母安在

世貞兄芽安在婦女答曰師母月前避去託善
家君兄芽亦通何廬洙曰日已夕矣或有夕飯
食我一盂之飯如何婦女對曰吾家之糧已久
有何夕飯俄而措飯授之曰得來張哥瑞家云
洙又惜曰或有補栽惠給如何亦為曰洛房中
有何補栽二三什此則誰拘也婦女曰吾等夢
致之物也洙曰夢致之補栽是何多也欲宿於
其家主人在外故大責其婦女曰不念乎前日
之恩而如是括視在其情理是可忍也洙收持
補栽以去俱報主人曰師母避去託善世貞

清末知何去而括待如許主人聞之亢極寒心
也洙謂主人曰俄開此村人之言則本府傳令
之辭結為停守幕探首殊常之人捉治官庭云
令焉何歸甚可畏也此夜將半暗出洞口夜色
稀迷雜分咫尺投筇尋路頂接石壁曉露沾衣
足滑丘堅舉手指占水二峯二是何多也弼濟
曰鄭基鉉吾之所親也亦為同謀之人也直尋
此人之家穩以隱踪轉到丹陽尋問基鉉家基
鉉欣然迎接弼濟與甚鉉終夜酬酌明日弼濟
送置于金昌和之家主人送于鄭碩鉉之家洙

與金聖文送于永春金用權之家至於此時關
文比二方伯守令驚悚無暇各營捕卒及郡縣
捕卒出沒方曲無處不然其時按覈使安東府
使朴在寬也監使金公鉉也或捉去以寬死或
為定配或為白放毀至三百人狀啓文草元
罪人全東奎之名顯出其餘寃死者東奎堂內
三四人蔚津南基秤金諱名末寧海朴士憲兄等
盈德林蕢秤具曰善姜汶金基浩清河李園弼
權一元父子朴良彦朴知東權德一金生諱名末
兄等安生諱名末興海白生諱名末朴璜彦延日千

生諱名末朴止名末慶州北山中李士仁金萬春
鄭致善金生叔侄諱名末金慶和伯兄英陽張星
進金龍雲兄等崔俊伊等也其時盈德縣今鄭
世愚也逛生者寧海朴君瑞李仁彦以背道之
人搶濟之謀事者也全潤吾叔佳金慶和全德
元金桂益金良彦林根秤林德秤林仁秤朴春
瑞劉聖元金聖文金用餘朴永木鄭致蕉金吾賢金成
吉徐君東尚州人金敬和金亨老金致
則李君林益瑞權戚鍂黃在民金大福金致
國金潤伯曰賢元金成真申聖和裵甘泉兄等

盈德人金生諱東具啓元盈德人金生時名未詳
栗谷大立人金聖伯姜淇鄭龍瑞與海人金敬
陽孫興俊安東人金永淳等也朴在寬性本慈
忍愛仁不爲傷人害物之人也歸之於民亂而
哲則配罪罪則罪惠多於白故之地寔是積德之
人也先生興此之詞歌謂蚊將軍者此豈非孝
彌濟郞假托道人招引道中暗設之機而
驅八儉津一舉敵歸欺人之心者眞所謂神目
如電 天必攻之可不懼哉○辛未四月主人
在碩鉉之家沬在用權之家各自圖生變姓改

名身爲傭夫耕田思同壇上之鴻飯牛儀如牧
野之焉或山以樵或水以漁山不足以富春之
遯跡水不足以渭濱之至周於是乎却知蚊將
軍之謀渢而自嘆知覺之昧沒也至於五月沬
往主人之在慶主人宵以索陶畵以耘軒身體
之貌樣衣服之藍縷焉可忍見以勝言哉沬曰
何以欝二久居此與我偕住同食飮而以爲保
命之策似好卽爲偕往在於寧越鄭進一之家
此人本是襄陽之人也基鉉之族也○主人與
沬自此以後呼兄呼弟結爲桃園之義及其六

月黃在民偶逢而時相追往或為談笑之樂便
志身勢之困窮至扵八月忽聞之慶之慶心却
驚駭採家聞之則彌濟亦以基鉉之舉事也坐
席未暖又有如此之變危我彌濟之命也天
何遣斯人而妄為自作之孽胡甚扵逆理乎惜
哉基鉉因人招禍竟至逆余慟我彌濟之所由
也因其聞慶而又有一國之驚動各陣捕卒偏
蕳方曲無處不及主人及沫為料則恐有口招
之端以鞫跡之許豫避為志矣以鄭士一之名
本府將差付慶尚監營移文進一之家擧軄家

主挺致士一之妻沫與主人時在厥虜朴龍傑
之家也觀其如此之慶心益恐惶即與黃在民
避山數日不耐飢寒尚徃師家之際行邑草二
以採藥之器裝入于師家師母氏及世貞清
見吾之行裝師母氏驚問曰君之行邑胡為乎
然沫曰吾無犯事然而令且聞慶之變周由
扵彌濟之事故或有口招之端以此來矣世貞
兄爭聞其言悖然驚疑曰明日吾之兄將有
麤行之裝酌定萊陽家空無主人何以為曾留乎
沫強對曰不然君之兄爭既作麤行之程則亦

有好道理也吾爲下人之身一人就寢一人員
函以去孰能知之而寧知殊常之人乎世貞如
有情而不答世清怒氣騰之突之不應及其夜
未鷄鳴而早飯將饋沫曰日未曉矣飯何早也
世清曰吾之接居但恃於張基瑞也其人有早
送之言故默然沫大驚憤然曰果是其然則雖
有明日之去長在於此家實君等到此寬慮之
地一蕃摇延如或可也至於尋次待人括視莫
大於此乎師門之義姑舍待於主人不顧體面
不念事理如是況於人情是何忍也饋飯舉打

主人挽曰吾之身窮何施於他人困窮漠非
天也到今誰憫誰咨吾之裝中有七兩錢是幾
爲一朝之資矣深念諒隨行之程暫時爲導則庶
爲撥捕矣深念諒之也世貞有憫之慇勸芋
以曉喩沫曰吾之身勢至於莫往莫來之境不
主人謂沫曰吾之身勢終不應至於莫往莫來之境不
如逡以隱山遂荷行裝拜別師母以去其地情
狀豈爲勝言足蘭如浮鷲節蹇步莫問䎹至在
民仔待岩下抱火以坐見吾兩人如狂起迎曰
從何以來謂曰自師家以來在民曰令爲無余

三人同行必有一般之苦則生如死如之間深
入太白飢来於松葉渴来於泉以待天佑之
顧似好耳時則九月序屬三秋須以行之登高
下底越谷上壁丹楓蕭瑟黃葉飄飛一以觀有
水之處一以擇容膝之巖掃葉以為席結草以
為幕霄以炬火畫以伐木歌唱採薇飢不過首
陽之跡御比疏耳舃不堪瀨川之飲月嬋清霄
故遠思家之懷雲歛白日空作憶爭之淚飢眼
昏迷青山共靜短膣空虛碧泉盡渴際虎啸而
起坐如有勸於叡念時猿啼而佇立似有悲於

懷人有何節芳飢歠不食飲者十日塩一掬而
盡矣醬数匙而空也風荊乙而吹衣露赤身而
將何舞在樹而氣甫令人懷之高秋憑念無到
駕手上壁而顧乙相謂曰兩人之中誰先誰後
抱落以死於意可也沫對言誰可死地必
有生隅吾乙兩人若為一死吾乙曰後之英名
置之十餘年敦　天為師之道軋飽雪寬而
顯名於世乎姑為保命不亦宜乎將以為行离
之儀歸裝以試之忍不見其形也焉其十三日
在民去于嶺南兩人来于朴龍傑家是夜三更

朴老見我謂曰衣之薄着之餘其間寒苦如何答曰如此如此其老曰當此深冬何往誰救過冬於吾家如何答曰言雖好矣若為過冬則此冬知我者多也最甚誰矣其老曰擬其內房而在則誰可知之對曰吾非親戚擬在內房未安若以老兄之言則結義如何其老樂為結義明日為始在於內房而過冬順興有主翁之兄來為入道當臘月主翁擔一人之服厭兄擔一人之服也〇明年壬申正月初五日以悔過之意作祝文告于 天主初六日主人及妹自有感

古之心相謂曰彼誰員我二何員乎卽往師母氏之家師母見曰其間在何處而罔命乎疇昔之括視尚令記念見之不敏君不過念如何對曰過念則何以來之乎師母氏時為臥病米穀艱乏故來之也明日送人於順興則蜀米送之笑不違期日來之故員米以送之不過幾日林生來留之如有愁色故主人問曰去不過幾日有何故而惡來林生黙然良久答曰世貞方今捉囚於裏陽故來也主人及妹聞其言驚駭不已夜不寐

咸寐明日即往師家則師母之氣像未安措二
慓二世清亦為惶二一室憧二全聖文適在其
時也師母曰若在此則禍將及矣避厄之道只
在於君等將何以為此也沫曰萬先家眷移于
朴龍傑之家可也待明日黃昏運送為計矣
旋善人劉寅常將來與寅常終夜相議而問於
世清曰或東或西乎旋善姑未去矣寅常答曰
事將迫矣吾當速去師家保護之策先為周旋
也願接長中誰某東之則周旋之財送之矣因
為八去其日薄暮权其家庄之物或負或戴前

呼後擁師母以改男服而蓋冠林生員之養子
二人以着童子之服主人倍師母而隨後沫及
聖文擔負以導前向朴龍傑之家正月二十八
日也○寅常還于本家厥明日即往辛鳳漢之
家以大家救給之策言之則鳳漢即備錢二十
金給送主人及沫與聖文來到寅常家爛熳相
議出於不得已思之則道之先入者只在乾川
洞金谷道人使聖文來于洪錫範家以大家
移遷之事言之則錫範落心千萬莫知何為請
來安時黙沫曰老兄之修道始自襄陽來矣令

番襄陽之事出於亂法亂道之根也是所謂出
於甫者反乎甫者也吾則客地孤踪束手無策
故大家救悉之道雜處也今於老兄之誠勸一
時敕慰情如何時黙曰接長之言宗是為師家之
言也情力為之實及於明日以十緡錢言之冰
責曰十緡錢雖為足矣然師家之所寧至於六
七口也以些小之物何以保用手揮抑以去越
明日金敬淳錢三十兩眉來中錢十兩時黙保
助十兩錫範保助十兩敦淳保助云二〇先時
辛未三月師母氏來在錫範之家三朝云二〇

旋善人辛錫珏入道於聖文崔重夔振夔入道
于洙至三月初十日寅常來祭祀其時
主人使洙亦以悔過之意作敦明章告祝〇旋
主人合錢五十金買家基於永春獐峴谷移遷
善扠其時朴龍傑之誠力出於自然之理也〇
主人使林生世清同往襄陽搜探世貞之獄事
左右指目之中離得憑問之處足將進而蹈踏
口將言而誤訕隱在辟店而探聞則以亂道之
致互相詬忌以財用權類至十數至鄒至縣至
於四五邑布德甚於丈席之時也犯彼犯此招

二相羅然而獄事之決慮未知何時也主人往獹蹄探問則寂然杳聞往楊口世清之妻家則厥家已為撤去云二金光文即世清妻堂叔也方以遁逃之計皇以指占之際也適其時主人詳問其人之去就則其人曰吾令欲向小白之間無指導之人故自昨至今須末得去矣於令幸逢主人活我者有之矣明日率光文之兄亦来云來到永春其後光文之侄致王之兄爭亦来云二師母氏之第二女世貞之妻并囚於獹蹄金德仲率將羅躬寬各逃家世貞時在猰獹張春

甫家不意將卒突入家中捉去世貞嗟夫德仲之不測也以吾之道反害於吾道人之無良胡至斯極也至四月初五日設祭于朴龍傑之家師母氏待其子世清之來至暮不來師母氏慰於師母曰夜已三更時晥行祭矣姑為止挽入俊出心焉如灰主人二之心自不能葉而俊入俊出心焉如灰主人吾之心亦安而行祭矣天主何為吾知天主為憤然曰此人彼人關主人興洙以千辭萬平君之祭不祭於我何關主人興洙以千辭萬談至為悶乞終不能回心不得已行祭耳

越翌日世清自外以來并率妻眷見於師母氏
姑歸之禮於是行客地于歸莫測於人世之可
憐也世貞之死生寞然不知在於母子之情堂
不痛我主人及沫来在寅常家邪向無慶故謂
寅常曰吾今到此久有君家則爲人指目之事也
事勢難處寅常曰吾已爲留念於來後之事也
若以爲人指目而顯露則吾只不過定配也何
雜之有小無疑許而安過也主人及沫室文同
依一室消遣世慮歲月如流俛及三秋此時崔
重燮種二有饋我之惠日至月笑我寅常之

爲人也以不忍之心及於救急之情而著其仁
是其義讓其禮而恤其智志於信而推於四端
則斯人之及人者惟知其仁義禮智之性而不
外乎事理之當然也如今之無一人之待極爲
最難況其三人乎斯人之所信者是邪謂特其
不然而知其然也自始以有終至於斯人之有
信堂有歧貳之端半壯我鳳漢之教義也師母
氏驚惶中莫知邪向之際斯人之出於義以救
於其命莫非自然之理也而入道之前先出其
義有此如是之其救自辛酉布德之後鮮矣豈

不讚美我此時金海成及劉澤鎮八道是歲五月十二日世貟杖死金德仲李选餘崔禧慶定配而三年後蒙辭云〇九月又有指目之嬾憲我十年之耶指也頻我移徙之憲二也四無耶向矣洙與寅常議曰師家之指目盡是道人已指目也他不如推善副師母移接于此於意如何寅常曰事勢如此從連移之云洙與主人愚往寧越逐率家眷洙倍師母及見眷貟擔而前進世清及主人執軏追後以來呼嗟師母之身勢何若是之悛惻師母氏之情狀心疾步窘

顧以坐之以起越谷而顛抵嶺而噫步之遲二傍人耶視忍可不見況於洙之當見之地矣然而日已將斜促行而勸步短棠繭足強中途而呼天敀舞大哭曰 天宗無知何以使我有因哭謂洙曰隱澤安在洙曰山岢水岢從某至某強挽而倍八於寅常家莚善道人極出誠力安接米川越三日咸寧捲歸云〇主人與洙將有八山四十九日之計洙使海澤顧八葛來山寂照卷有何一老僧義以問曰客主自何以來答曰吾是本邑之人也令冬有祈禱之計故

得來茁硨屩方為周覽訪來老僧曰此山中有
或適當之處也否曰見他處而即到此卷也僧
回然而食於午饍半曰否即饋於甘齎小許矣
洙曰此卷視之則可謂寂照也吾當寥寂之處
而來此卷則顜老僧令三冬同苦之義果如何
老僧黙念良久曰若為來工則數來幾人半曰
只不過三四人也僧曰至於四人雖謂多也若
為丁寧以來則期日而退去如何洙曰十月念
後當來矣願老師不違期日待之如何僧曰諾
即日退着鳳樓菴又明日洙往主人在廢朴籠

傑之家其兩人還于本家主人及洙來到寅常
家聖文聞主人入山之許息乞付託主人自念
其勢則情或其然故許言同苦聖文心為樂己
周旋資糧洙之課糧澤鎮擔之主人之糧自擔
而海咸自優課糧當日入到主僧自順與來者
縂為二日也至于夜洙謂主僧曰世上衔業之
工各有其張事己到此同過三冬之苦胡為半
歇僧半僧俗間修道成就亦是一也吾之哧工
但以呪文矣僧曰何呪咨曰主僧前或聞
東學之說半其僧良久曰前有聞之也曰自令

為始誦呪矣主僧勿為忌憚焉主僧聞誦呪之
聲補讚不已曰惟勸之四人各定坐豎手執念
珠衣冠整齊日夜定敷幾至二三萬讀而竟過
於四十九日其後數日將罷符萬主僧窺視以
言曰此乃造化之符也曰主僧何以知之乎僧
曰有造化在符小僧雖淺見薄識之僧見其符
自有得驗之事矣領僉生貪主慎藏見而不漏也
吾聞之心獨知之覺之僧也一日主僧曰小僧
本是鷄龍山之僧結幕為工夢有佛主來謂曰
汝即往小白山固忽不見小僧覺睡後心常怪

訝攝歸小白山至于今年四月又有夢敷而移
往太白山故束此則卷宇空虛道場荒蕪種薺
數頃斧木百員以為過冬之資矣疇昔之夢如
許二人來謁佛前夢中熟視完在目中覺以
料則必有課工之人到令見生貪主完然若夢
中見皃也此非奇夢耶沫對曰吾亦有夢入山之
夜仙官自空中來坐壁上吾拜謁仙官矣吾令
觀佛形亦如夢中之事主人曰吾亦坐前吾奇以
一夢瑞鳳八首自天上下來茅次八山之初有
抱之三首則傍人各抱五首忽自空中謂語曰

此鳳五首各有主之鳳也汝當深藏以後待主
各授也亦堂非祥夢耶主僧聞之蓋且奇之聖
文前日去主人及沫方向隱潭以還歲色不遠
矣寅任女家離為過歲故將行寧越聖文時在
弄堂侄女家實沫及主人同為過歲〇癸酉正
月聖文謂主人曰彼此客地主人與姜兄結義
以呼兄呼弟於意有仰歎之心也顧乞主人廣
念周思以鄙人同衆結義之中如何主人萬念
千思曰自古有信之端極為難矣詩云靡不有
初鮮克有終世之於千萬事最難者信一字然

庶視君之情地許以施之相以敦信之義互為
慎之似好耳〇此時師家之計活極窘稼
禱之役箕空南山之豆朝夕之粮馬洗北隣之
穀及其時振憂兄爭極力周施于索于囊自己
負戴至誠奉饋斯人之誠孝著於及人之救恩
也〇十月主人業至十二月初十日主人時在丹
陽以舌耕為業至十二月初十日主人哀痛不已即往
常之家師毋氏訃伴忽報主人哀痛不已即往
與金啓岳收尸而世清臨終時斷脂不中以別
世一家之哀痛復夫何言初終後主人告計於

各處道人家○明年甲戌正月主人來到丹陽
洙聞師母氏之喪璦哀極萬千二月與主人往
師家奠禮于二月十九日其時參喪者洪舜一
全聖文也本邑道人接主寅常振夑錫珌鳳漢
錫範全斗元洪錫道澤鎭等也○三月主人與
洙在寧越料外有指媒者娶妻于安東金氏家
四月于歸于丹陽南面時有安東人權明夏者
以補於爲接之資十月洙自罷舌耕之業同居
主人家十二月初十日師母氏初朞也洙使金
龍鎭往參奈祀○乙亥正月二十二日世淸將

行妻家之路卧病於張基瑞之家固爲致死當
時聖文攴尸裳戕慘矣師家之厄兮祥幕末盡
兄兮芽兮繼逝時耶命耶此何憂也是何運也
青孀戴哭白日掩涙三甲副半一帷裳孤哀彼
三慶子慰此一青孀如何師家有此憂極哆
呼日月易邁 師母氏之終喪奄過長女嫁尹
氏之家次女嫁尹氏之家三女嫁韓氏之家○
丙子年春 師母氏及世淸之墳移窆于永春
其時婿君等并力移遷云○乙亥八月詰善
道人誠出大義致 祭于主人家其時參祀者

寅常聖文丹陽人朴奎錫金永淳也依前先生之禮用黃肉備品而設祭奠行 杞之際恕有主人許降詰之教而勿用黃肉也即為拟肉以行 杞令薰始創之祭前日主人許有動靜之氣故以是設創云○九月主人及洙聖文并行到新寧曾訪河致旭即行龍潭稼事里拜見孟潤氏孟潤氏握手以問曰是耶謂死人復見如許風霜之餘生且復見豈能忘舊日之情乎雖然吾之從芽家眷而令安在哉主人謂曰令在㫌善孟潤氏曰自甲子以後家產漸襄

末兄寒飢之慮年光漸益自歎髮毛之盡白雖知道運之未速最難家計之不塞顏謂洙曰君之也即拜別答曰心雖簡愴為慽別章或之大庭之安否果得聞之耶洙曰年前幸得聞有生前之逢耶仍拜相別即到慶州府中逢見崔慶華慶華握手悵注曰從兄多年風霜相逢便如夢中之事也又逢清河人李君綱李俊德抵到達城洙得見子渭慶五年別離之餘父子相逢莫非自然又伏問家嚴之安健喜不敢勝言明日即向丹陽而來到本家○十月主

人將有設法之計使洙通文于涟善以十八日
萊會于道主家則當以其日行　祭炅寅常及
聖文來到俱製冠服以仙道創始洙作祝文告
于天主其時叅祀人ノ祭官分定
初獻道主崔慶翔
亞獻道次主姜洙　　奉香　金永淳
終獻　劉寅常
大祝　　　　　　　執禮　朴奎錫
　　　　　　　　　奉爐　金龍鎮
其時主人頒布曰吾有十二時字又有十二活
字則爲先以三人時字改名以賜之以活字改

字以授之此時活二字有　命教故敎以傳授
〇其時涟善道中收錢二百餘金百餘金兩巡
設法　祭時徐用百金以主人新接之致補助
云其人辛錫玆崔振瘦洪錫範洪錫道全世祐
金元奎等也二十八日行先生誕辰祭自乙
金文仲金海成劉桂老崔寬東全斗元金伯仁
亥世淸之死後先生忌誕兩節之祭主人行
之云〇十一月十三日設法　祭行于涟善接
主寅常家其時　祭官分定
初獻道接主劉寅常
亞獻　辛錫玆

終獻　洪錫範

執禮　崔振燮　執事　洪錫道

大祝　辛鳳漢　執事　金世祐

執事　劉澤鎮　執事　崔箕東

　　　　　　　執事　金源仲

丙子三月初十日行先生忌祭〇四月主人

往獜蹄接主金啓元之家行設法祭其時

祭官分定

初獻接主人金啓元

亞獻　張春甫　執禮　金龍鎮

　　　　　　　大祝　金宗汝

終獻　李敢南　執事　金鑵浩

奉香　金鄉稙　執事　李先喜

十月二十八日行先生誕辰〇丁丑三月初十

日行先生忌祭〇十月初三日行九星祭

俱衣冠獜蹄張春甫金致雲辦備祭物時元

作祝文其時　　　　　　　　　　　金時明

初獻道布德主崔時亨　祭官分定

亞獻旋善接主劉時憲　執禮　蔣隣鷗

道次主人姜時元　　　終獻　張春甫

青松接主金敬和　　　　　　金致雲

　　　　　　　　　　　金龍鎮

　　　　　　　　　　大祝　金永淳

十月十六日九星 祭行于旋善劉時憲家俱
冠服時元作祝文 祭官分定
初獻接主劉時憲
　　　　　　　終獻契長安尚黙
亞獻
　辛時永　　　劉澤鎭
　洪時來　　　金源仲
　辛時敎　　　崔昌植
　辛時一　　　大祝　洪錫道
奉香　　　　　執禮　崔昌植
　全文汝
沈時貞　執事　梁致道
　　　　　房時學　執事　許燦

執事　崔箕東　奉香　劉應植
　　　安敎一　奉爐　安敎伯
　　　崔孟煲　祭物有司　劉寅亨
　　　安敎康　讚引　安敎常
　　　全斗元　謁者　全世弼
　　　全世仁　奉燭　崔昌翼
奉爵　全錫斗　陳設　尹宗賢
　　　金文奎　洗爵　盧貞植
奠爵　辛龍漢
是日主人與時元相議曰九星者以應九州之

理也故兹以九星之理劍為九星之祭乃其
一身之應也 天道與地理相合之理也則人
於其間亦有三寸之理至人不應天理乎哉九
星之理雖不詳言畧以聊知以應九星之理兹
成九星之禊者是乃為師之道也為師之法
始出於九星而遂成九星之禊凢我諸君自今
以後慎從於先生兩節之祭也即日修成禊
案以日後考信之義成出信跡跡茅次錄記於

右禊長安尚黙 金應奎 劉時憲 辛時永
唐時學 辛時一 崔昌植 劉澤鎭 崔昌

翼 全錫斗 洪時來 崔箕東 洪錫道 安
教綱 金源仲 安教一 尹宗賢 安教伯
安教常 洪尚義 辛龍漢 安教興 洪鳳儀
洪鳳儀 安教龍 李得龍 崔振燮 劉寅亨
劉慶植 許鍱 安教龍 崔應燮 崔益燮
全世淑 全世弻 全斗元 朴永根 盧貞植
崔在九 全世仁

十月二十八日行先生誕辰祭○戊寅三月初十日行先生忌祭○七月二十五日敎文
闢接于劉時憲之家吾道之闢接云者是何謂也先生時有罷接之理故來令爲闢接是文士之闢接也天地之理陰陽相合有日月晝夜之分而又有十二之時以定元亨利貞之數元亨爲春亨爲夏利爲秋貞爲冬也四時之盛衰數之循環者始自子方開而至於丑以闢則是爲天地之常也而應以接二以應五行出於其間而人以化生於三才之氣故開闢之理日生

子丑以始也先生道受於天故行自天修自天也是以闢於天而接於天則受運於天受命於天開接之理是豈不宜哉其時人
辛時永 劉時憲 房時學 崔時敬 辛時一 洪時束 崔益燮 崔箕東 洪錫道 稷長安尙黙 金源仲 安敎網 全斗元
尹宗賢也時元謂左右曰今日霧潭之游惟異於龍山九日之欵也亦勝於赤壁七月之游然而主人之樂亦異於凡游之樂其心之樂僉賢倘知吾今日開接之樂理在遠矣固其先生之間而人以化生於三才之氣故開闢之理日生

罷接復興於龍潭之樂開運於龜山之游也此
豈非勝游也〇十月二十八日行先生誕辰
祭〇及此時主人有擁塞之道卒無巢穴故
先生祭祀移行于旋善接主家〇己卯二月
主人及時元適有故鄉之行而意不及於旋善
而又不祭先生之祭日也故以為青松還來
時衆祭矣即發行到厦州周聞各處諸益之消
息而時元亦聞大庭之安候伏喜萬幸耳還到
青松則先生諱日緜備數宵其時趙時哲出
他故請見於沈時貞謂曰今先生祭祀何以

為之也如干祭之抱飢為備來實願聞貴慶得有
排祭之許耶時貞對曰此無寥靜之慶未得
遂意也兩人聞之則宗為狼狽至初七日雨戲
而亦水大漲矣思不得無奈明日遂員行裝隨
慶渡水或脫衣以涉或沒泥以行來至九十里
之程也明日當先生之祭則萬無意思共家
則主人婿卽之家也偶語先考之生辰牽備慶
為以行其時憤痛之心豈不慨然我越翌日
蒿到本家〇三月二十六日主人將有嶺西之
行使時元金龍鎮作行閏三月初一日抵到寧

越盧貞植之家其夜三更主人非夢似夢之間見先生拱手拜謁之際又見先生之服色頭着黑冠體服青衣童子四五列立悟之白髮老人斂膝跪坐設爲三層臺先生高坐上臺先生座後鶴髮老僧植杖泰立也先生呼於敬悟曰汝姑來之敬悟即應以上臺之際有何道人王於十餘人也從呼以上臺之時使時元時盧同立恭拜先生見三人衣服之藍縷顧見彼人曰衣食之分各在其定然而此三人之衣如此塵陋君之衣如此豐備到此爱黨之餘豈有

無相救之道乎彼人俛而不答焉愧焉而如似之際先生暫起也移步主人仰見先生之服帶帶則以三色端結爲帶矣主人曰先生之服帶何其爲三端乎答曰蒼猝之事姑以爲之矣主人辭帶以奉上先生曰是可好也三端帶還爲佩腰主人言受則曰姑爲置之云二顧見左右以謂曰某星如此某星如此與某人以某造化如此且某年以某造化給某人如此云二以三人特除上才且以某五人某年某月如此如此云二其外二十餘人曰後

次二定授矣　先生起立下臺有四大門上臺
二十餘人中蚩百餘人下臺不知幾許人先
生移立北門以天門間坼子方門七字已書于
北門也三當口誦三萬手擎北門其聲如雷時
亨曰生等亦擊此門乎　先生答曰時亨
授於北門時元　除授於南問時憲　除授於
東門某　除授於西門先生即為起立時亨問
曰　先生何以速也　先生答曰吾有心事余
與　上帝有論議事而未盡以來故欲速矣於
斯之際有何人自外以懇來解脫靑服以見

先生時亨責於其人曰謁於尊前何其露骨以
見長者乎　先生怒謂曰君且勿咎也又問之
則答曰此人姓其也云乙○先生以寒溫飽三
字書以授之曰寒則以溫字用之飢則以飽字
用之溫則以寒字用之○此時龍鎭往金致雲家定
營大致齊故主人及時元龍鎭佯蹄道人將
行　茶祀末參者固所謂有誠也別有執事分
定初獻金啓元　亞獻張春甫　終獻金致雲
執禮李兄喜　大祝金龍鎭　就事張喜用
奉香李啟甫　奉爐金館浩　讚引金鄉植

奉燭金宗汝等也〇四月還到旋善主人謂時
元日向有先生之夢 敎亦有曾聞之訓吾
欲志未遂者久矣今於此將敎爲引燈之設法
於君意如何時元對曰道之眞源可實在於兄
則祭之設不設何耶問吾也主人答曰引燈
之卽惟以爲不設也觀今時事則終有窮急之
端矣爲先小引燈試爇也卽行引燈於時惡之
家又行于洪時來之家又行于崔時敬之家〇
至於七月十五日旋善道中極力誠出欽慼於
先生之 仙靈而俱以冠中栽以衣服 祭以

祝願燒以幕仰此莫非爲師之義也又莫非門
徒之禮也壯武義我旋善道人自辛末至于今
年而未有終始則修其先生之道者宣不受
聖德之運辛亥〇十月初七日主人再從爭慶
年以引燈事備物代祝願故方行引燈祭其
時泰燈者 金彌尙一 朴彦淳 鄭基仲 金
永淳 金龍鎭 黃在民 權成王 鄭尙仲
金載文〇十月十六日靑松引燈于趙時哲之家
其時人 沈時貞 蔣俤鎬 趙暎奎〇十月
二十八日行先生誕辰 祭于洪錫죎家〇十

一月初五日行引燈 余于房時學之家十二
日又行引燈于洪錫範家○自初一日爲始
先生修單所定于房時學家其時修單有司分
定
道布德主崔時亨
道次主 姜時元　　　監有司　崔箕東
道接主 劉時悳　　　書有司　安教一
修正有司辛時永　　筆有司　全世仁
校正有司辛時一　　懃有司　安教常
都廳主人房時學　　接有司　金源仲
　　　　　　　　　　　　　尹宗賢

收有司　洪時采　　　安教伯
卅字有司辛潤漢　　崔昌植
　　　　　　　　輪通有司洪錫道
先時先生常謂時亨曰斯道之運永在於北方
也擇定南北之接後曰吾必爲北接去矣云二
○先生又有言曰斯道之運如是以雍蕳之格
也云二○有書云圖來三七字降盡世間魔

庚辰三月初十日　先生忌　祭　移行于主
人家○正月搆蹄樓中將營引燈　祭故主人
及時元時晥偕往其處二十四日金鍐浩行司
燈　祭二十八日金顯德又行引燈　祭二月
初五日金鎭海別行引燈　祭四月初五日
茶枇各樓行之○五月初九日設爲刻板歌而
十一日爲始開刊至於六月十四日畢爲卯出
十五日別爲設　祭其時表功別屢記文
於戲　先生文集鋟梓之營歲已久矣今於庚
辰余與姜時元全時晥及諸益將營刊板而

論各樓中辛同余議而刻耶定于搆蹄甲道里
竣事如意而始克成篇以著于　先生之道德
茲豈非欽歎哉各樓中出誠力費財者特爲別
錄表論其功次韋記書歲在庚辰仲夏道主崔
時亨謹記
尙州尹夏成四十金冊本當　旋善樓中三十
五緡　搆蹄樓中一百三十金　青松樓中六
派　　刻板時有司分定
都廳　崔時亨
監役　姜時元

監役 全時玩
校正 沈時員
校正 全時奉
校正 劉時憲
直日 張道亨
直日 金文洙
直日 張炳奎
直日 李晉慶
榱有司 金鋑浩
榱有司 辛時永

榱有司 黃孟基
榱有司 趙時哲
牧有司 韓鳳辰
牧有司 洪時一
牧有司 辛時永
牧有司 金鎭海
牧有司 李廷鳳
治板 金鎔浩
鋟梓 沈遠友
鋟梓 崔錫夏

鋟梓 全允權
運糧 張興吉
運糧 金寅相
運糧 金孝典
運糧 李千吉
書有司 全世仁

供饋 李貴祿
供饋 姜基永

光緒五年上之己卯歲冬十一月初十日己卯
姜時元略以拙文紹遠以菝詞恐不敢規定而
又未能修正也於戲時元自丈席以來進於學
者爲今十八年矣受於　師門而布於斯世者
莫非　先生之道也而修於諸賢而學於時元
者亦莫非　先生之德也於戲　先生之風山高
水長誰云高而風和於山野誰云長而風順於
川溪　先生之爲道也此如穿石壁而灌畎
先生之爲德也越崖疊而潤屋迴狂瀾而遠紹
惠及茲而澤流嗚自甲子至於辛未禍不單行

逢彼之害而十載丹南佳保姓名補來師家
恩見慘酷之境　先生聖德之家廈邊爲継承
之不運也則時元策極之痛竟不及一掬之土
然而余自丹南襄姓名而寫跡於蜣寧之山下
者便如新里之張祿也伴狂高奴或焦而或漁
空睡草堂送歲月者卻有思於南陽之窮耕
矣儵甫光陰之如流及於己卯之秋也余興主
人欲有継　先生之道源茲以修單於　先生
之事績則頭尾之錯離前後之紊乱書不能犯
牽而思或以有誤之端也覚其遠而欲讀則理

不造於其然而探其根而採源則事不偕於不然
乃知其然而欲記則詳未知於其本情其不然
而欲筆則又未察於其末也以道而言之副理
莫測於杳然以德而論之則實有光於明戎春
秋之迭代四時之盛裒付驛於其篇者亦有補
於先生之篇中而爓然復興於後學之所共來
者也明而修其誠者不知吾之所為也然則心之得
於命而布於德者茍非吾之所致也仰於敬
而慕其畏者亦非吾之所為也然則心之得失
孰察吾之守心正氣之義也哉察其吾之得失

則失於是而得於非者竟不得以曉矣余所以
今日之修記者敢不讚言而時元之薄識淺見
又不能齊其本末始終之源乎是慎二其心也
本於澗源而散於其根則源自源而根自根也
察於夫子之澗源則以風於斯世者昭二戴論
而出於師而及於我也先生之所敎者受於
天而學於東則東於天也學於天而
化於身者莫非自然之理也而無為之化也
余令以来功有欲仰之心者惟願於一切之善
而終不悔於從前之過時元獨不愧於先生也

於歲余不聞丈席之訓導又不見　先生之儀
形而令日聞其　先生之風化見其　先生之
道源則余自有追遠感古之心而自不覺愧歎
也道自龍潭傳自龍菴而有敎於余也於歲
先生以天縱之聖生於斯世而不遇其時之嘆
也卽所謂其運之不幸而至於余則是有慕
仰之心也至於令日道在我而德在我則不知
知其信畏也我一自辛未繼主人之敎學而尚
道之所在不知德之所在而胡知於誠敬也焉
令布德者有光於兹善而惠及於余則以余之

我嗚呼先生之道芳德芳水洋〇雲淡〇水共
流雲同清長一色余何敢復書也晋州后人姜
時元謹以記序于篇左

愚名在接主憧之余心靡日不切而恐陋於
聖德之門時憲本以遐土一寒之士僻在一隅
之桃源而又稱霧隱之潭名來太白之山者世
所謂名勝之地也主人及次主之誠勸道人亦
有勞於令之學者顧隨一切之善而期復有於
先生之明之德則先生之道德亦顯於斯世
而復見於河一之清也有道之後自有其運而
德自及人則道那以在我之道德那以在我之
德也道之明之德之彰之盖可為昭之彬之斯
豈非 聖運之復耶我令於旌善主人與次主

之功出於册字之上而又顯於後學之來豈非
自然又莫非 先生之 聖德耶自令以後道
法之次茅真源之可實昭載於文卷則余雖愚
昧幾至括目之境幸望 先生庶有顧余之
感乎江陵后人劉時㦮謹以敘序

蓋上古以來夫子之道德傳遺於千秋之後而
箕聖東出以來文物光華禮義明焉矣以有道
德復新之運　先生出於世受命於　天而道
傳於後世大我道德也淵源相續教誠以至修
正心以傳學副人以懷太古天真之品性也嗚
呼上甲子以後　先生之音信如夢杳二嘻令
我後學者盖由於人之相授而道之節次淵
源之接續依如　先生常時之明二道德也余
出於桃源之一隅後以學之晚以修之恨未遊
於　先生之門也至今慕仰則授教之明鑑龍

潭淡二憶昔感者則修成之氣像龜峯蒼二山
高水長　先生之風如彼日詠時修第子之誠
在兹仔二根源互相修續以主人共次主北游
於驻善而至今己卯以來仔觀山水之明麗又
讚出俗之淳厚設法於此開接於此是則運也
自然之理也豈不爍羨我龍隨洞雲潭之間詠
呎以時來學道之多士偃然濟二之儀也美我
勝我古云道之所尊師之尊也此莫非　先生
之真源也為　天師道始自於東也而至氣令
知而永世以同也如斯之　聖道如彼之大運

俗難明知世耶稀罕也於戲如此道德孰不欽
仰而自愧於不而之數主人問余以言曰邑號
雅善俗無善仁之道何以謂詫何以謂善耶余
曰桃源之桃和露以種鳳山鳳之覽德以下也
人之品賊錐出於地靈而或歸善而修煉則歸
之於善故以旌其善也主人與次主以是而稱
之以其誦之以其俗也故由此布德於善邑
以其善然而課工惟待括目也怠哉慎哉在於
其數在於誠也同修其課煉以傳源而以一門
人也學留末此世而遺於後千秋五萬年之道
之道

也余自歎修後末覺之悔寧越后人辛時一拙
記以謹序

동학네오클래식 03

도원기서

등록 1994.7.1 제1-1071
1쇄 발행 2012년 11월 10일
2쇄 발행 2019년 5월 18일
3쇄 발행 2020년 3월 1일
4쇄 발행 2021년 12월 15일

역　주　윤석산
펴낸이　박길수
편집장　소경희
편　집　조영준
디자인　이주향
관　리　위현정
마케팅　조영준
펴낸곳　도서출판 모시는사람들
　　　　03147 서울시 종로구 삼일대로 457(경운동 수운회관) 1207호
전　화　02-735-7173, 02-737-7173 / 팩스 02-730-7173
홈페이지　http://www.mosinsaram.com/

인　쇄　(주)성광인쇄(031-942-4814)
배　본　문화유통북스(031-937-6100)

값은 뒤표지에 있습니다.
ISBN　978-89-97472-23-9　　03250
SET　　978-89-97472-22-2　　04250

* 잘못된 책은 바꿔 드립니다.
* 이 책의 전부 또는 일부 내용을 재사용하려면 사전에 저작권자와 도서출판 모시는사람들의 동의를 받아야 합니다.

이 도서의 국립중앙도서관 출판예정도서목록(CIP)은 서지정보유통지원시스템 홈페이지(http://seoji.nl.go.kr)와 국가자료공동목록시스템(http://www.nl.go.kr/kolisnet)에서 이용하실 수 있습니다.(CIP제어번호: CIP2012004876)